レヴィナスから
レヴィナスへ

庭田茂吉◉著
NIWATA Shigeyoshi

萌書房

まえがき

まず、タイトルについて。

「レヴィナスからレヴィナスへ」は、私のレヴィナス哲学への向かい方を示している。レヴィナスのテクストの読解から問いを立て、それをレヴィナス自身に返すというやり方である。返答がうまく戻ってくることもあるが、そうならない場合もある。要するに、彼のテクストの読解を通じて、私とレヴィナスとの一種の対話の試みである。しかし、そうはいっても、それは自問自答でしかないと思われかねない。確かにそうであるが、それでも私自身のなかでは、問いを立てる私と、それに答えてくれるレヴィナスとの真剣な問答という意識があった。多種多様なテクストを通してさまざまな仕方で語るレヴィナスから、いかにして解答を引き出すか。言うまでもなく、良い解答は良い質問からしか生まれない。それゆえ、問いを立てることが最も重要になるが、長い間暗中模索が続いた。そのような私のレヴィナス哲学への向かい方に因んで、「レヴィナスからレヴィナス」へ。

このタイトルには、もう一つの意味をこめた。私がレヴィナスの哲学について最初に文章にしたのは、一九八八年に出版された翻訳書（共訳）、『現象学のデフォルマシオン』（現代企画室）である。現象学の動向をめぐる、リチャード・カーニー編集のこの英文の著作のなかの「レヴィナス」と「マルクーゼ」を取り上げた二つの章が私の担当であった。レヴィナスについては、それこそ「ルヴィナス」という表記で紹介された七〇年代から読んでいたが、よく理解できなかった。私の語学の力や読解力の問題は別にして、難解きわまりない文章の連続にまるで歯が立たなかった。以前にも書いたことがあるが、私がレヴィナスに魅了されたのは『実存から実存者へ』がきっかけである。当時洋書は決して安くはなかったが、京都の今はもうない洋書店で、レヴィナスの本を何冊か注文し手に入れた。この時のことは今でもよく覚えている。

レヴィナスについて発表する機会は突然訪れた。翻訳書の出版の翌年、「関西倫理学会」での研究発表をと声をかけられた。通常、研究発表は自分で申し込んで審査の結果次第によって行われるものであるが、この時は私の所属する大学で発表者がいないから、あなたがやりなさいということであった。何をするかと言われて、私の口から出たのがレヴィナスの名前であった。偶然である。この時、なぜレヴィナスの名前が出たのか。発表のエントリーはもとより、研究発表について何も考えていない私がなぜレヴィナスで発表することになったのか。偶然であろう。そして、この時の発表原稿がもとになって、第一章「レヴィナスの倫理思想」(一九九一年)が書かれた。私がレヴィナスについて書き始めたのは、この研究発表以降である。それから三〇年余りが経過した。『レヴィナスからレヴィナスへ』はこの時間の経過のなかで、レヴィナス哲学について書かれたものを集めて一冊の本にしたものである。その意味を込めて、「レヴィナスからレヴィナスへ」。

次に、章立てについて。迷ったが、結局発表順に並べた。芸のないことで、もっとやりようがあるようにも考えられたが、並べてみて順に読んでみると、これはこれでよかったように思える。というのも、それとしてまったく意識したことはなかったが、第一章から八章までストーリーのようなものがあり、各章の前後の脈絡のなかで文章のつながりがそれなりに認められるからである。ストーリーの中心は、レヴィナスの哲学が二つの戦後、すなわち第一次世界大戦と第二次世界大戦の「戦後」思想であるという点にある。戦後文学ならぬ戦後哲学、それがレヴィナスの哲学だったのではないか。それゆえ、この哲学は二〇世紀を代表するものとみなすこともできる。私はそのように考え、レヴィナスの哲学に取り組んできた。そのやり方が問いを立て、その答えをレヴィナス自身の文章のなかに探るという仕方である。もちろん、意図的に全体を構成したわけではないので、重複も繰り返しも見られるが、そしてその歩みは決して軽快とはいかなかったが、レヴィナス哲学の深みへの接近はそれなりの仕方で果たすことができたのではないか。この著作で取り上げられたレヴィナスのテクストは、最初期の仕事、フッサールやハイデガーの研究から晩年の「ディアクロニーと再現前化」にまで及ぶ。この晩年の論文は、レヴィナス哲学の全体を考えるうえで特に重要な論考である。その重要性について少しだけ触れておこう。

これは私自身の問題関心によるものであるが、デカルトのコギトに関して、心身合一の主体により、考えることの始まりに「今」の身体性を強調している点である。第六章「他者から無限へ」を参照していただきたいが、「今」という語を「手でつかむ」として解釈をし、思惟の始まり、すなわち今という瞬間に身体の行為を置くという発見には驚かされた。すなわち、「私は手でつかむ、ゆえに私はある」。この身体的コギトに時間と空間の始まりがある。もう一つは、ベルクソンの評価をめぐる議論である。ベルクソン哲学の全体を持続からエラン・ヴィタールへ、それをさらにエラン・ヴィタールから「神へ」と「隣人愛」へとつないでいく指摘は、きわめて魅力的である。この考え方は私自身のなかではむしろ馴染みのものであったが、それをレヴィナスが言っているとなると、それはまた話は別である。時間をめぐる論考では厳しい評価もあり、例えばベルクソンの持続には死がないという指摘を取り上げてきた私自身には、やはり驚きであった。他にも興味深い論点が見られるが、ここではこれ以上は触れないでおく。

最後に、この著作に収録した論文の初出について。各章の初出一覧は以下の通りである。

第1章　レヴィナスの倫理思想——主体性と他者——
「レヴィナスの倫理思想——主体性と他者——」『倫理学研究』第二一号、関西倫理学会編、一九九一年。

第2章　バタイユとレヴィナスにおけるエコノミーの問題
「バタイユとレヴィナスにおけるエコノミーの問題」『人文學』第一七七号、同志社大学人文学会編、二〇〇五年。

第3章　レヴィナスにおける疲労と睡眠
「レヴィナスにおける疲労と睡眠」『文化學年報』第五六輯、同志社大学文化学会編、二〇〇七年。

第4章　存在からの脱出と身体の諸感情
「存在からの脱出と身体の諸感情」『倫理学研究』第三八号、関西倫理学会編、二〇〇八年。

第5章　レヴィナスにおける時間の超越と存在論的差異の彼方
「レヴィナスにおける時間の超越と存在論的差異の彼方」『人文學』第一八六六号、同志社大学人文学会編、二〇一〇年。

第6章　他者から無限へ――レヴィナスの時間論――
「他者から無限へ――レヴィナスの時間論――」『同志社哲學年報』山形頼洋教授追悼特別号、Societas Philosophiae Doshisha編、二〇一一年。

第7章　もう一つの近代、あるいはデカルトとレヴィナス――「魂の原理」から「身体の原理」へ――
「もう一つの近代、あるいはデカルトとレヴィナス――「魂の原理」から「身体の原理」へ――」『同志社哲學年報』第三八号、Societas Philosophiae Doshisha編、二〇一五年。

第8章　身体とその影、あるいはイメージ、リズム、音――中期レヴィナスにおける身体の問題――
「身体とその影、あるいはイメージ、リズム、音――中期レヴィナスにおける身体の問題（1）――」『文化學年報』第六八輯、同志社大学文化学会編、二〇一九年。

掲載に当たって、もともとの論文に特に手を入れるということはしなかった。ただ、第四章「存在からの脱出と身体の諸感情」は少し変えている。もとの掲載誌に発表する際、紙幅の関係上割愛した部分を今回元に戻した。それ以外のものは誤植や簡単な字句の訂正にとどめ、ほとんど手を入れていない。このなかで、最初の論文については、さすがに三〇年以上の時間の経過もあり、少し文体の違いも見られる。レヴィナスについての最初の文章という気負いのようなものも見られる。とはいえ、私としては、レヴィナスの掲げた、ツェランの言葉の意味の解読で苦労した思い出深い文章でもある。良し悪しは別にして、私のレヴィナス研究はここから始まった。

三〇余年に及ぶ時間の経過は、決して短くはない。計算して書いた文章群ではないが、一続きのものとして読めるとしたら、私のなかにレヴィナスという哲学者に対する敬愛のようなものがあったからではないか。『実存から実存者へ』を一気に読んで得た感激は今なお忘れ難いものがある。このフランス語で一七三頁及ぶ本を読むことがなかったら、私の研究の動向もこのような形にならなかっただろう。その意味で、このヴラン社版の本は、私にとって、デカルトの『省察』と並ぶ最も大切な一冊である。

二〇二一年二月

庭田茂吉

レヴィナスからレヴィナスへ＊目次

レヴィナスからレヴィナスへ

第1章　レヴィナスの倫理思想
――主体性と他者――

初めに本章の主旨について触れておこう。それはレヴィナスの思想の歩みに関連がある。よく知られているように、レヴィナスの哲学は一九三〇年代初頭に、フッサールとハイデガーに関する研究から始まった。つまりレヴィナスは、フランスでの現象学研究の比較的古い世代に属している。しかし他方で、レヴィナスはこれらの研究において、目立たない仕方でではあるが、現象学及び存在論からの離反を準備していた(1)。

この離反は、後にレヴィナス自身によって、現象学及び存在論から倫理学への移行として示されることになるが、それはごく簡単に言って、他者の問題、言い換えれば、「超越（transcendance）」の問題に対するレヴィナスの態度の独自性に起因している。つまり、「他」である限りでの他者、レヴィナスの言い方では、「絶対的に他なるもの（l'absolument autre）」としての他者との関係は、主体の対象への関係に基づいて考えることはできないということである。それゆえ、他者との関係に関して、対象との関係とは別の仕方が求められることになるが、それがレヴィナスの言う「倫理的」あるいは「形而上学的」関係にほかならない。

このように、レヴィナスにとって、「超越」という事態には二つの意味がある。一つは、志向性という概念によって表わされる意識の超越である。この場合超越は、意識に対する対象の現前、つまり、意識の対象への関係を意味する。もう一つは、他者との関係を表わす、「倫理的」あるいは「形而上学的」な超越である。言うまでもなく今問題なのは、この後者の超越の方である。レヴィナスの言う、この倫理的、形而上学的な超越は、意識のそれとは違って、主体―客体の関係を構成するわけではない。それはむしろ、他者の「他性（altérité）」を損なうことなしに、他者との関係を可能にする全く別の超越と考えられている。しかし、それはいかにして可能か。

本章の主旨は、レヴィナスによる、このような倫理的、形而上学的な超越の探究の歩みを辿り直すことを通じて、レヴィナスの倫理思想の基本的な構図を描くことにある。その際特に、主体性と他者との関係の問題に留意したい。予め論述の手順に触れておくと、今述べた主旨に基づいて、レヴィナスの著作を次の三つの時期に分けて取り上げることにする。まず、戦後すぐに公刊された二つの作品、この二つの作品はレヴィナス独自の思想が初めて本格的に明らかにされたものであるが、『実存から実存者へ』と『時間と他者』の二つを取り上げ、レヴィナスの倫理思想の基本的な枠組みを提示する。次に、一九六一年の作品、レヴィナスの最初の主著『全体性と無限』を取り上げ、先程簡単に触れた、倫理的、形而上学的な超越について検討する。そして最後に、『全体性と無限』以降の新たな展開が見られる、一九七四年の作品、

『存在するとは別の仕方で、あるいは存在の彼方へ』に触れる。ここでは今度は、『全体性と無限』における別の仕方での超越が捉え直されることになる。なぜなら、それは依然として、もう一つの存在論の試みでしかなく、問題はむしろ存在論の彼方へ、すなわち「存在とは他なるもの（l'autre de l'etre）」へと向かうことだからである。

一

『実存から実存者へ』と『時間と他者』の二つの作品は、ほぼ同時期に公表されたものであるが、内容上も多くの点で共通性が見られる。例えば、作品の意図や目的は次の通りである。まず『実存から実存者へ』では、「善の問題、時間、そして善に向かう運動としての他人との関係」を研究テーマとして取り上げるという意図が冒頭に掲げられている。他方、『時間と他者』では、研究の目的は「時間が一人の孤立した主体の事実ではなく、主体の他人との関係そのものにほかならないことを示す」ことにあると言われている。いずれの場合も、問題は他人との関係と時間とがどのような関係にあるかという点にある。興味深いことに、これらの作品においてレヴィナスは、他人との関係と時間との関係を現象学とは反対に考える。すなわち、時間は他人との関係によって規定されるのであって、現象学のように他人との関係を時間によって規定するのではないということである。レヴィナスが倫理的関係（他者との関係）を存在論的関係（時間的関係）に優先させているのはきわめて重要な点であるが、それにしてもなぜ時間と他者なのか。なぜこのように、他人との関係と時間との関係がテーマとして取り上げられなければならなかったのか。

以上の問いは、二つの作品の意図や目的に関する問いであるだけではなく、レヴィナスの思想の根幹に関わる問題であるように思われる。しかし、それに答えるためには、レヴィナス独自の概念である、「ある（il y a）」と「実詞化（hypostase）」に触れなければならない。まず「ある」と「実詞化」に関する問題の枠組みを示し、次に二つの作品において「ある」からの離脱の試みにほかならない「実詞化」の意義について見ることにしよう。

『時間と他者』においてレヴィナスは、時間が他者との関係の所産であるという主張を強めるために、一方で孤独の問題を、他方でその孤独を破る時間の問題を取り上げる。(4) まず孤独に関してであるが、ここでレヴィナスの言う孤独とは、私が存在するという事実そのものに起因する存在論的事態とみなされる。つまり、私の存在は存在するというまさにそのことによって本質的に孤独であり、その意味で私の存在とはモナドにほかならない。それゆえ、孤独がこのように私が存在するという事実そのものに起因する以上、私がこの孤独から逃れるためには、存在者と存在とが結合される存在論的出来事にまで遡る必要がある。実はこのような存在論的出来事、すなわち、存在者と存在との結合が「実詞化」という概念で言われた事態なのである。(5) それでは「ある」とはどのようなことを言うのか。それはレヴィナスがハイデガーの「被投性（Geworfenheit）」という概念の帰結として、存在者と存在との区別を推し進めて、分離にまでもたらしたものである。(6)「ある」とは存在者なき存在、何ものもなく、誰も引き受けるものもいない存在一般であり、それゆえ非人称的で匿名の「存在すること」にほかならない。因みに、レヴィナスは後年そこに、

「砂漠のような、つきまとって離れない、恐ろしい性格[7]」と「非人間的な中性性（neutralité）[8]」を見ている。

このような「ある」と「実詞化」との関係を整理すると次のようになる。「実詞化」の出来事は、本質的に非人称的で匿名のままでありつづける存在のうちに、何ものかが、すなわち、存在者が出現するという事態を示しているが、この関係を存在者の側から言うと、存在者が自己の存在を自分のものにすること、要するに、存在を支配し、そこに自由を設立するということを意味する。しかし、これですべてというわけではない。なぜなら、「実詞化」の出来事は「現在（présent）」の誕生でもあるからである[9]。「現在」には始まりと回帰の二面がある。それゆえ、「実詞化」の出来事、すなわち、存在者による自己の存在との同一化にも、「自己からの出発（départ de soi）[10]」と「自己への回帰（retour à soi）[11]」の二つの方向が区別される。「自己からの出発」は「始めることの自由[12]」を意味するが、存在から存在者が出現すること、つまり「自己（soi）」から「自我（moi）」へと向かうことである。それに対して、回帰は「自我」としての主体の「物質性（matérialité）[13]」、すなわち、自己の身体への繋縛ということになる。結局、「ある」と「実詞化」の問題は存在者の、一方では自由を、そして他方では繋縛を意味する「自己」から「自我」への、また「自我」から「自己」への自己同一的な運動にほかならない。

ここまで来ると、なぜ最初にレヴィナスが孤独の問題を取り上げたかは明らかである。要するに、私の存在が「実詞化」の自己同一的な運動に基づいているがゆえに、私は孤独なのであるが、なるほど私がこの運動にとどまる限りは、孤独から逃れることはできない。しかし、ここには特に注意すべき重要な問題がある。その問題とは、すべての「実詞化」がこのような存在への回帰に終始するわけではないということである。『実存から実存者へ』の「第二版への序文」においてレヴィナスが語っているように、探究されるべきは「ある」に回帰することのない「実詞化」による離脱の試みである。[14] 実は、自己同一的な運動に終始する「実詞化」とは、「実詞化」の出来事のうちで最も典型的な意識の超越を意味する。それゆえ、意識の超越によって孤独から逃れることは不可能である。それでは、今述べた離脱の試みとはどのようなことをいうのだろうか。それは、「自我」としての主体と絶対的に異なるという意味での他者、つまり絶対的他性への超越である。そして、二つの作品において、他なるものは他人との関係と時間ということになる。要するに、私が孤独から逃れるには自己性によってではなく、他性によってでしか可能ではないということなのである。またここで特に重要なのは、「自我」としての主体は意識に尽きてしまうわけではないという点である。もし意識だけで考えるならば、存在に回帰することのない「実詞化」による離脱の試みは不可能だということになる。レヴィナスの倫理思想のおそらく変わることのない一貫した課題は、この「自我」としての主体による存在からの離脱の試みにほかならない。

以上の議論から、レヴィナスの倫理思想の基本的な枠組みは次のように考えられる。「自我」としての、孤立した単独の主体は、非人称的で匿名の「ある」から生まれた限りで、自己同一的な存在者であるが、「実詞化」の出来事は多元的であるがゆえに、そこにはこの自己同一性を破る契機が含まれている。それが「ある」に回帰することのない「実詞化」による離脱の試み、すなわち、他性への超越である。それゆえレヴィナスの倫理思想は、二つの他性、他人との関係と時間とに関する探究を基軸にするものである。言い換えれば、それは存在論に対して倫理学を優先させる試みにほかならない。フィリップ・ネモがレヴィナスの思想を評して、「倫理学こそが第一哲学である[15]」と主張する根拠は、まさにこの点にある。

二

この節では、レヴィナスの最初の主著である『全体性と無限』を取り上げなければならないのだが、初めに前節で残した問題、時間の問題に触れる。なぜなら、最初に時間の問題を取り上げることで、『全体性と無限』の目指すところがいっそう明らかになるはずだからである。

前節で述べたように、レヴィナスは「絶対的に他なるもの」を他人との関係と時間とに求めた。このいずれも結局は同じ問題に帰着するのであるが、『時間と他者』では、時間の「他」は決して現在になりえない、私の死の未来性に求められる。つまり、現在から切り離された未来との関係が「他なるもの」との関係だということである。しかし、この未来は決して現在になりえないという点でまさに「他」なのであるが、それではこの「他」としての未来はどのようにして現在と結びつくのだろうか。レヴィナスの答えは、時間の非連続性（現在と未来との非連続性）を、私と他人との根源的な関係、すなわち、「社会性（socié-té)[16]」によって結合しようとするものである。つまり、他人との関係が時間の連続性の根拠なのであって、その逆ではない。しかしそれでは、他人との関係はいかにして可能か。

他方、『実存から実存者へ』では、基本的にはこれと同じであるが、現在に対して今度は「瞬間(l'instant)[17]」が問題になる。瞬間の他の瞬間に対する絶対的他性は、他人との関係によって跨ぎ越されるという点で同じ答えになっているが、ただこの「瞬間」の問題には別の側面も見られる。「瞬間」とは「どこから出発することもなく自己へと到る運動」[18]ということになるが、それはいかなる仕方においても自己の誕生の瞬間に立ち会うことはできない。「瞬間」は常に既に始まってしまっているのであるから、「瞬間」は自己の創造の瞬間から遅れることでしかない。つまり、この場合他性は未来ではなく過去に求められる。

このように、未来と過去の違いはあるが、いずれの場合も時間の連続性は他人との関係に基づいて成り立つ。しかしそうであれば、今度は他人との関係そのものが問われざるをえない。もう一度言おう。他人との関係はいかにして可能か。残念ながら、二つの作品において、レヴィナスはこの他者の問題に関する最後の問いに答えてはいない。それでは、『全体性と無限』では、その問いはどのように答えられるだろうか。私と他人との根源的関係にほかならない「社会性」は、依然として問われざる前提なのだろうか。

以上のような問いに答えるためには、『全体性と無限』において、レヴィナスの言う、意識の超越とは異なる、別の仕方での超越、すなわち、倫理的、形而上学的な超越の問題を検討する必要がある。はたしてレヴィナスの言うように、自我が自我にとどまりながら、しかもなお他者の他性を奪い取ることのない、他者との出会いは可能なのだろうか。またもしそれが可能だとすれば、その場合、自我や他者はどのような在り方を示すのだろうか。

前節では触れなかったが、既にレヴィナスは『時間と他者』において、私が私でありながら、しかも他者と関係する仕方を、特に「エロス」[19]という言葉で呼び、この「エロス」の関係のうちに、構成でも融合でもない独自の関係性を見ている。しかしこの関係もまた、続いて取り上げる、もう一つの超越と同じ問題になる。なぜなら『時間と他者』では、他人とのエロス的な関係は結局、それ以上問われることのない原初的事実にとどまっていたが、その関係はむしろあのもう一つの超越によって可能になると考えられるからである。それでは、もう一つの超越、すなわち、倫理的、形而上学的な超越とはどのような事態をいうのか。

『全体性と無限』におけるレヴィナスの意図は、他の著作の場合と同様に、その標題に明確に表現されている。またこの著作には、「外部性（extériorité）についての試論」という副題が付けられているが、それが示すように、この著作は意識および思惟によって決して全体化されえない外部性への、すなわち、無限への超越の試みである。要するに、レヴィナスの狙いは、意識および思惟の全体性の存在論を、デカルトから想を得た、絶対的外部性の顕現としての無限の観念によって乗り越えようとするところにある。それゆえ、この著作では、「絶対的に他なるもの」、すなわち、他者の他性は、意識および思惟の絶対的外部性、それらの「彼方（au-delà）」に求められる。しかし他方でレヴィナスは、『全体性と無限』を主観性あるいは主体性擁護の書として提示する。一見して背反するように思われる、この二つの狙いは、しかしながらレヴィナスの意図を正確に伝えている。ごく簡単に言えば、この著作の課題は、他者との、意識とは別の仕方での出会いが可能かどうかという点にある。言い換えれば、この作品では他者は絶対的外部性において私に顕現するが、それがいかにして可能かということである。ただし、予め述べておけば、そのような外部性において現われる他者と出会う私は当然、もはや意識や思惟としての私ではない。この場合、

「自我（moi）」としての主体は、別の意味での、別の仕方での主体でなければならない。つまり、外部性への超越は、同時に、もう一つの方向をもつということである。それは主体の主体性、自我の自我性への方向である。ただしそれをも超越という同じ言葉で呼ぶことができるかどうか、少々疑問がないわけではないが、この点については後に触れることにする。

　レヴィナスの言う、倫理的、形而上学的な超越、すなわち、超越の関係は、ジャン＝フランソワ・ラヴィーニュの言い方を借りれば、次の二つの方向をもつ[20]。一つは、「内在の彼方（au-delà de l'immanence）」への超越である。そしてもう一つは、「内在の手前（en deçà de l'immanence）」への超越にほかならない。「彼方への超越」は、「欲求（besoin）」から区別された形而上学的な「欲望（désir）」いう概念に基づいて、「顔（visage）」や「言語（langage）」の問題を通じて、他性の探究として示される。他方、「手前への超越」は、自我を他者から絶対的に隔てる「分離（séparation）」というレヴィナス独自の概念に基づいて、「内面性（intériorité）」や「心性（psychisme）」の問題を通じて、新たな「自己性（ipséité）」の探究、すなわち、自我の自我性、主体の主体性の探究として示される。

　それではまず、超越の関係について、「彼方への超越」の方から見ていくことにする。序文のなかのレヴィナスの表現を借りると、「無限は同と他との関係のうちでいかにして生じるか[21]」、それがここでの問題である。レヴィナスによれば、「他（l'Autre）」への超越は、「欲求」ではなく、「欲望」によって可能になる。「欲求」とは、充足を目指す、内世界的な対象に関わる自己中心的な活動であるが、それに対して「欲望」の方は、世界に統合されることのない「絶対的に他なるもの」としての他者に向かう充足なき、形而上学的な希求を意味する。[22] それゆえ「欲望」が向かうものは、もはや与えられるものではなく、絶対的他性として顕現する、見えないものとしての外部性にほかならない。この「他なるもの」は、「同（le Même）」の活動、すなわち、自我の活動によって現出するわけではなく、むしろ一種の啓示のようなものとして顕現する。しかし、そのようなことがいかにして可能なのか。レヴィナスは信仰のようなものを前提にしているのだろうか。

それに答える手がかりは、デカルトの言う無限の観念にある。デカルトは「第三省察」において、私の精神のうちにある無限の観念から出発して、神の存在へと到ろうと努めるが、レヴィナスもまた「同」のなかの「他」、すなわち、自我のうちにある無限の観念から出発する。ただし、レヴィナスの場合は、デカルトのように、観念の秩序から存在のそれへと移行するわけではない。むしろ、レヴィナスは、自我のうちに絶えず見出される「無限の観念の驚異」としての内在における超越、すなわち、「同のなかの他」にとどまり続ける。[23] 例えば、レヴィナスは次のように述べる。「主体性はこれらの不可能な要求、すなわち、それが内包することのできる以上のものを内包するという驚くべき事実を実現する。本書は他者を迎え入れるものとして、歓待性として主体性を提示するであろう[24]」。このような表現は、思惟に関して「自分が思惟する以上のことを絶えず思惟するような思惟[25]」という言い方にも見られる通り、自我としての主体についての同じ構造について言われたものである。そしてこの「同のなかの他」こそが、レヴィナスの言う、倫理的、形而上学的な超越の基本構造とみなされる。実は「彼方への超越」は、「同のなかの他」のうちの「他」を問題にしたものであり、他方「手前への超越」はそのうちの「同」を問題にしたものである。それゆえ、自我のうちに刻印された「絶対的に他なるもの」としての無限の観念は、レヴィナスの言う超越の事態を支える導きの糸にほかならないのである。そして「絶対的に他なるもの」としての他者との出会いは、実はこの「同のなかの他」としての無限の観念において予め準備されていたということになる。

「彼方への超越」の問題に戻ると、それが最も典型的に現われる事態は、「顔」との関係においてである。レヴィナスによれば、「顔」とは「私のなかの他者の観念を超えつつ他者が現前する仕方」[26]であり、その概念は直接性や自他の対面の関係を意味する。ここで注意すべきは、「顔」の顕現の仕方もまた「同のなかの他」という構造をもつということである。それゆえ「顔」との関係を自我の能動的な働きに帰してしまうことなど問題にもならない。それは反対に、絶対的外部性の顕現であり、自我と他者との隔たりを意味する。また「顔」との関係は、意味付与以前の意味であり、われわれの言語活動を可能にする、最も根源的な言語、言語の手前にある言語そのものにほかならない。後に第二の主著においてレヴィナスは、「語られたこと（le dit）」に対する「語ること（le dire）」の優位性を強調するが、その区別を借りるならば、この場合「顔」との関係は言語の手前の言語として「語ること」そのものだということになる。しかもここから特に重要な点なのだが、レヴィナスはこのような原初的な言語としての「顔」との対面関係に倫理的な意味を見る。なぜならそれは、自我の自発性や能動性が疑問に付される倫理的関係として成立するからである。[27]レヴィナスによれば、存在論とは「他」を「同」へと還元する試みにほかならないが、逆に「他」による「同」の審問は倫理という名で呼ばれる。それゆえ、自我としての主体はこのような倫理的関係において、もはや自由でも意識でも「私はできる」でもなく、善良さとして他者を迎え入れる倫理的な主体なのである。

このように、「彼方への超越」は「同のなかの他」における「他」を問題にするものであるが、それは結局主体の主体性、自我の自我性の問題に帰着する。既に「顔」において見たように、対面の関係は一方では「社会性」の告知を、他方では「自我」の維持を可能にする。レヴィナスはその関係が示す事態を「分離」という独自の概念に基づいて掘り下げてゆくが、この節の最後の問題として「内在の手前への超越」を検討することにする。

レヴィナスによる他者の他性の探究の仕方の独自性は、倫理的という言葉で表現されるすべての事柄を意味するが、具体的に言えば、他者との関係を相関性や対称性において考えないという点にある。むしろレヴィナスの場合、この関係は、非対称性や不等性、要するに隔たりにおいて考えられる必要がある。そして「分離」という事態は、このような関係の不可逆性、すなわち、自我と他者との絶対的な隔たりを示すものにほかならない。改めて言うまでもなく、自我としての主体はいかなる仕方でも他者ではありえないし、他者も同様に絶対的な意味で私ではありえない。しかも、他者は隔たりにおいて現前するのであるから、以上のような「分離」の事態こそが他者との関係を可能にしているということになる。つまり、他者は絶対的な隔たりにおいて、自我の側からではなく、「絶対的に他なるもの」として、「同のなかの他」として彼方から自我を触発するという仕方で顕現するのである。その際私にできることは、他者を迎え入れるということだけであるが、それがレヴィナスの言う、主体の対象への関係には還元することのできない超越の関係、すなわち、倫理的、形而上学的な超越ということである。そして倫理的な主体とは、能動―受動の相関関係に解消されることのない、受動性の受動性としての主体にほかならない。

ここまでの議論を整理すると次のようになる。前節で見た、レヴィナスの「存在」からの離脱の試みは、『全体性と無限』では、自他の可逆的な相関関係に基づく存在論の乗り越えの試みとして、デカルトの無限の観念から他者との倫理的な関係の探究へと行き着いた。その際、問題となるのは、レヴィナスの言う超越の基本構造をなす「同のなかの他」という事態であるが、それは単に他性の顕現の仕方という問題に尽きてしまうものではなく、より根本的な問いかけを含むものであった。レヴィナスの言葉を引こう。「自我から出発することによってのみ達成される無限の観念の分析は、主体的なものの超克をもって終わる」(28)。このように、より根本的な問いかけとは、魂の回心にも似た主体の主体性の方向転換の問題にほかならないが、それではレヴィナスはこの問題に十分に答えることができたのだろうか。

結論から先に言うならば、やはり疑問が残る。なぜなら、「手前への超越」の問題が十分に掘り下げられていないために、他者を迎え入れる主体がどのような主体であるかが明確ではないからである。つまり、レヴィナスの言う、受動性としての主体性の問題を主題的に問う必要があるということである。残念ながらレヴィナスは、そのような問いに十分に答えてはいないが、手がかりは先程示した「同のなかの他」という超越の基本構造にある。それゆえ、レヴィナスが第二の主著である『存在するとは別の仕方で、あるいは存在の彼方へ』という著作において、今度は主体性の方向転換として、主体の主体性の問題を主題的に問わざるをえなかったのは偶然ではない。要するに、先に示したふたつの超越の関係こそが問題なのである。私にはむしろ、「彼方への超越」は自我の手前、内在の手前において見出される無限としての絶対的他者との出会いによって可能になるように思われる。「絶対的に他なるもの」は、他人との関係の絶対性として、「同のなかの他」において予め出会われているのではないだろうか。

三

以上のように、『全体性と無限』でのレヴィナスの倫理的探究は、一方では他者の他性の、そしてまた他方では主体の主体性の探究というふたつの方向をもつものであったが、レヴィナスの意図とは別に、この著作ではそのような試みが成功していたとは必ずしも言えない。なぜなら、『全体性と無限』では、どちらかといえば他性の探究の方に比重がかけられ、それに見合うような新しい主体性の創出、すなわち、倫理的な主体性についての十分な発掘作業がなされていなかったからである。そこでこの節では、第二の主著、『存在するとは別の仕方で、あるいは存在の彼方へ』に拠りつつ、主として主体の主体性の方向転換の問題、すなわち、「身代わり（substitution）」の問題を取り上げてみたい。

しかしその前に、第二の主著におけるレヴィナスの意図に触れておこう。この場合も、標題がそれを雄弁に物語っている。すなわち、彼の意図は「存在するとは別の仕方で（autrement qu'être）」を、あるいは、「存在することの彼方へ（au-delà de l'essence）」を示すことである。それでは「別の仕方で」や「彼方へ」という言い方で、レヴィナスは何を問題にしているのだろうか。少し長い引用になるが、「前置き」のなかのレヴィナスの言葉を聞こう。「存在すること、存在者、そしてその『差異』からなる結合関係をかき乱すような例外（ex-ception）を主体性のうちに認めること。主体の実体性のうちに、自我としての『唯一者』の堅固な核のうちに、私の不完全な同一性のうちに、他人の身代わりを覚知すること。意欲に先立つこのような献身を、受容性、受苦、そして有限性以上の、またそれらとは異なる仕方での受動的な受苦性（susception）に従って、超越の外傷への仮借なき暴露として考えること。世界に内在する実践及び知を、この引き受けることのできない受苦性から派生させること。以上のことが、存在することの彼方を語る本書の命題である[29]」。

このように、最初の節で取り上げられた、レヴィナスによる存在からの離脱の試みは、ここでいっそう明確な表現と深まりをみた。続いて第二の主著において、主体の主体性の問題の所在を具体的に知るために、第一章「存在することと内存在性からの超脱（Essence et Désintéressement）」を簡単に辿り直してみよう。レヴィナスはこの章の冒頭で、超越の意味について触れている。すなわち、それはただ一つの事態、存在するということが「存在とは他なるもの（l'autre de l'être）」へと移行することを意味する[30]。言い換えれば、それはまた「存在するとは別の仕方で」であって、「別の仕方で存在すること（être autrement）[31]」ではない。それゆえ、超越を存在しないことへの移行と考えてはならない。なぜなら、存在しないことは存在の一規定であり、それはすぐさま「ある」によって肯定へと転化してしまうからである。

以上の事態から、「存在とは内存在である（*Esse est interesse*）[32]」ことが判明する。この存在の内にあることは、いつまでも存在しつづけようとする努力、すなわち、伝統的にはconatusという語で表現される事態にほかならない。戦争とはこの存在への努力の争いであり、他方、平和は争いの中断あるいは延期を意味するが、両者とも本質的には変わるところはない。なぜなら、両者の本質的な相違は両者の存在の仕方の違いにあるのではなく、存在を超えたところにあるからである。つまり、その相違は「存在すること」と「存在とは他なるもの」との区別によるのである。

しかし、それにしても、「存在とは他なるもの」を語ることは可能なのだろうか。というのも、「語られたこと」から区別される「語ること」は「一者の他者への近さ（proximité de l'un a l'autre）」[33]であり、存在論や言語学的諸体系に先行する起源以前の、レヴィナスの言い方では、「無起源的（an-anarchique）」[34]かつ「起源ならざる（non-originel）」[35]言語なのであるが、それもまた存在論の言語にほかならない「語られたこと」の支配を免れることはできないからである。つまり、「存在するとは別の仕方で」を語る時でさえ、存在論に汚染された言語を使用せざるをえないという方法論上の困難があるからである。この困難を回避するために、レヴィナスは「隔時的思考（pensée diachronique）」[36]によって答えるが、それについてはここではこれ以上は触れないでおく。

先に見たように、存在は存在の内にあること、すなわち、場所を占めることを意味するが、それに対して「存在とは他なるもの」は「非場所（non-lieu）」[37]としての主体性を意味する。レヴィナスはこの主体性を、存在と結びついた自己から区別して、「自己自身（soi-même）」[38]という語で呼ぶが、それこそがこの章でのわれわれの課題、主体の主体性の問題にほかならない。レヴィナスによれば、自我を自我たらしめているのは自己との一致ではなく、「自己に対する差異（différence par rapport à soi）」[39]であるが、それはいかなる意味においてであるか。後にもう少し詳しく触れるが、要するに、ここで言う自我の自我性は、例えば意識の場合のように主格において示される自己性ではなく、《se dire》といったような代名動詞の表現に見られる《se》としての自己自身、すなわち、対格において示される自己性なのである。このような理念的同一性をもたない、「場所なき唯一性（unicité sans lieu）」[40]としての自己性、それが「自己自身」という新しい概念で言われる主体性である。しかしそれにしても、自己との差異であるような主体性とはどのような主体性なのだろうか。

ここまでは比較的忠実に「第一章」におけるレヴィナスの論述を辿り直してきたが、この節の残りの部分については主体性の問題に限ってごく簡単に触れ、問題の所在だけを指摘して、続いて第四章「身代わり」に拠りつつ先程の問いを取り上げることにしよう。

主体性を存在から切り離して考えるためには、時間の問題が重要になる。なぜなら、「時間は存在することであり、存在することの顕われである」[41]からである。しかし他方で時間は、時間のうちに回収されることのない「超越的な隔時性（diachronie transcendante）」[42]を示唆する。それが「他人に対する責任（responsabilité pour autrui）」にほかならない。そしてこの責任は、隔時的なもの、要するに現在（現前）に先立つものであるがゆえに、私の自由から始まることは決してありえない。また、隔時性とは無限を意味する。実はこの「同のなかの他」としての無限が、私の意に反して他者に対する責任を、すなわち、「人質（otage）」として他者の身代わりになることを命令するのである。そして、レヴィナスの言う「自己自身」としての主体性とは、この《pour-un-autre》以外の何ものでもない。

第四章「身代わり」の冒頭には、パウル・ツェランの言葉、「私が私である時、私はきみである[43]」が掲げられている。このツェランの言葉はどのような事態を言うのか。私が私である時、私はなぜ「他」なのであろうか。既に前節で見たように、他者との対面の関係には倫理的な意味があった。この著作では、その理由が一層明確なものとなる。というのも、「意味（signification）」とは「一方が他方の代わりをすること（l'un-pour-l'autre）[44]」という事態にほかならないからである。つまり、このように「他」の身代わりをすることにこそ、意味することの本質がある。それは私と隣人との関係であり、「近さの関係（relation de proximité）[45]」であるが、この関係を主体の自発性に帰すことはできない。なぜなら、それは主体が「触発される一つの仕方（une facom d'êter affecté）[46]」だからである。ただ注意すべきは、このような受動性を志向性によって定義してはならないという点である。というのも、志向性の場合は、被ることは引き受けること、すなわち、受動性という能動性でしかないが、「身代わり」の受動性は「強迫（obsession）」あるいは、「迫害（persécution）」として「あらゆる受動性の手前にある受動性」だからである[47]。

しかも、この「身代わり」の受動性は、主体性を自己意識によって定義する哲学とは反対に、意識の自己反省に先立つ「自己自身の再帰（récurrence du soi-même）」を告知する[48]。レヴィナスが指摘している例では、ヘーゲルやサルトルに典型的に見られるように、通常「自己自身」は対自から出発して措定されるが、レヴィナスはこの関係を逆に考える。すなわち、「自己自身の再帰」、それは対他の《pour》のもつ二重の意味において、「他者のために」としての自己を、そしてまた「他者の代わりに」としての自己を告知するものであるが、この再帰的関係を自己意識の「自分のために」に先行させるのである。しかもこの「自己自身」は、「対格としての自己」を表現したものにほかならないが、それなしには「主格としての自己」は成り立たない。それでは、以上のような「自己自身」の自己性の固有の意味はどこにあるのだろうか。そのためには、「自己自身」の基体化の「別の仕方で」について触れる必要がある。

「身代わり」は他者に対する責任を意味するが、この責任は絶対的に代替不能という仕方で自我の唯一性を際立たせる。要するに、矛盾した言い方になるが、他者に対する私の責任は当の私以外のものが絶対的に果たすことができないという仕方で、他ならぬこの私に、「他」のために身代わりになることを要求する。その時、他ならぬこの私は唯一者として、まさに唯一性としての自我として倫理的状況のなかで文字通り召喚されることになる。そしてこの召喚において、一方で主格としての自己は他者の身代わりとして自己を失うが、他方で対格としての自己、すなわち、「自己自身」は責任の基体としての自己を告知する。それがレヴィナスの言う「自己を失うことによって再び自己を見出す(49)」という事態の意味にほかならない。この点で、「自己自身」の自己性は意識の対自からはっきりと区別される。

今やツェランの言葉の意味も明らかである。その言葉はレヴィナスの言う「自己自身」の自己性を正確に表現したものであり、われわれが戦後すぐの時期から辿り直してきた彼の倫理的探究、すなわち、存在からの離脱の試みの到達点を示すものである。結局レヴィナスは、主体の主体性の問題を掘り下げることで、他ならぬこの私の最も深いところに、もはや私ではない「彼性（illéité）」という語で呼ばれる「他」を見出した。そしてこの私のなかの絶対的他者は、私に一方的に他人のための「身代わり」を命令する。私の方は、この命令に応答するという仕方で他人に対する責任を遂行する。したがって、私は既に予め他者と出会っているのであり、またこの「同のなかの他」こそが他人との関係を可能にしているものなのである。

以上のように、レヴィナスは「身代わり」の問題を通じて他者の実在性を、この私の権能を審問にかけ、私を傷つけ、迫害するものとして他者を捉えることによって逆に保証することに成功した。実在としての他者は、一方的に私に襲いかかってきて、私を傷つけるところのものである。要するに、他者経験とは一つの受難なのである。しかし、疑問がないわけではない。新たな自己性に関してであるが、「自己自身」を「私」と区別してそれをことさら「他」と呼ぶ必要があるのだろうか。もしレヴィナスの言う「自己自身」こそが真の「私」であるとすれば、われわれはそれこそを真の「私」と呼ぶことで、自我についての別の哲学をもつことができるのではないだろうか。すなわち、超越の哲学をではなく、内在の哲学を。

註

（1）本章の主題とは異なるので、ここではごく簡単に触れることしかできないが、この離反について説得的な議論をするためには、特に以下のレヴィナスの二つの著作についての詳細な読解が必要である。Emmanuel Lévinas, *Théorie de l'intuition dans la phénoménologie de Husserl*, Alcan, 1930. Emmanuel Lévinas, *En découvrant l'existence avec Husserl et Heidegger*, J. Vrin, 1949. なお、第二次大戦前（一九三四年）から戦後の『全体性と無限』に至る時期の単行本未収録の作品については、内田樹・合田正人編訳『超越・外傷・神曲』（国文社、一九八六年）が非常に参考になる。

（2）Emmanuel Lévinas, *De l'existence à l'existant*, J. Vrin, 1981, p. 9

(3) Emmanuel Lévinas, *Le temps et l'autre*, PUF, 1983, p. 17.

(4) *Ibid.*

(5) *Ibid.*, pp. 22–23.

(6) *Ibid.*, p. 25.

(7) Emmanuel Lévinas, *De l'existence à l'existant*, p. 11.

(8) *Ibid.*

(9) Emmanuel Lévinas, *Le temps et l'autre*, p. 32.

(10) *Ibid.*, p. 31.

(11) *Ibid.*

(12) *Ibid.*, p. 34.

(13) *Ibid.*, p. 37.

(14) Emmanuel Lévinas, *De l'existence à l'existant*, p. 11.

(15) Emmanuel Lévinas, *Etique et Infini, Dialogue avec Philippe Nemo*, Fayard, 1982, p. 11.

(16) Emmanuel Lévinas, *Le temps et l'autre*, p. 18.

(17) Emmanuel Lévinas, *De l'existence à l'existant*, p. 126.

(18) *Ibid.*, p. 131.

(19) Emmanuel Lévinas, *Le temps et l'autre*, p. 81.

(20) Jean-Francois Lavigne, L'idée de l'infini: Descartes dans la pensée d'Emmanuel Lévinas, in *La Revue de Métaphysique et de Morale*, janvier-mars, Armand Colin Editeur, 1987.

(21) Emmanuel Lévinas, *Totalité et Infini: Essai sur l'extériorité*, Maritinus Nijhoff, 1980, p. XIV.

(22) *Ibid.*, p. 3.

(23) *Ibid.*, p. XIV-XV.

(24) *Ibid.*, p. XV.

(25) *Ibid.*, p. 33.

(26) *Ibid.*, p. 21.

(27) *Ibid.*, p. 13.

(28) *Ibid.*, p. 22.

(29) Emmanuel Lévinas, *Autrement qu'être ou au-delà de l'essence*, Martinus Nijhoff, 1978, p. X.

(30) *Ibid.*, p. 3.

(31) *Ibid.*

(32) *Ibid.*, p. 4.

(33) *Ibid.*, p. 6.

(34) *Ibid.*, p. 8.

(35) *Ibid.*

(36) *Ibid.*, pp. 8-9.

(37) *Ibid.*, p. 9.

(38) *Ibid.*

(39) *Ibid.*, p. 10.

(40) *Ibid.*

(41) *Ibid.*, p. 11.

(42) *Ibid.*

(43) *Ibid.*, p. 125.

(44) *Ibid*., p. 126.

(45) *Ibid*., p. 127.

(46) *Ibid*.

(47) *Ibid*., p. 128.

(48) *Ibid*., p. 132.

(49) *Ibid*., p. 14.

第2章　バタイユとレヴィナスにおけるエコノミーの問題

バタイユは一九四七年に奇妙な文章を書いている。それは「実存主義から経済の優位性へ」という標題をもち、そこでは四人の著作が取り上げられる[1]。そのうちの一冊がエマニュエル・レヴィナスの『実存から実存者へ』という作品である。ここで最も注目されるのは、バタイユ独自の「生産的消費」と「非生産的消費」という概念によってなされる、レヴィナスの「瞬間」、あるいは「現在」の概念に関する分析である。このバタイユの書評論文は、一九四七年から四八年にかけて、『クリティーク』誌に二回に分けて発表された。

一体、何が奇妙なのか。二つある。一つは、実存あるいは存在の問題が経済学の用語によって、すなわち、「消費」や「生産」といった用語によって、論じられている点。もう一つは、存在論や実存主義に対する経済の優位性が方法の問題として考えられている点。なぜ、存在論や実存主義の問題と経済学が結びつくのか。なぜ、経済の優位性が言われるのか。これらの問いに答えるためには、バタイユとレヴィナスを共通の土俵で取り上げ、両者のエコノミー概念に問いかける必要がある。

したがって、問題は、バタイユの「普遍経済論（économie générale）」の構想とレヴィナスの「存在の一般的エコノミー（économie générale de l'être）」や「経済の時間」の考え方に見られる両者のエコノミー概念を検討し、その意味を明らかにすることである。そのためにまず、両者を直接つなぐ、バタイユの「実存主義から経済の優位性へ」を取り上げる。ここでは、主にバタイユによるレヴィナスの「ある（il y a）」の理解が問題になる。次に、レヴィナスの著作『実存から実存者へ』に従って、彼のエコノミー概念を検討し、さらにそれに続いて、根本的に区別される二つの時間、「正義の時間（temps de la justice）」と「贖罪の時間（temps de la rédemption）」と、エコノミーの問題とがどのような関係にあるかという問題を取り上げる。そして、最後に、バタイユによるレヴィナスの「瞬間」の概念の検討を見たのち、今度は彼のエコノミー概念を検討し、二つの概念の区別、「生産的消費」と「非生産的消費」の概念の区別が、レヴィナスの二つの時間の区別に基づくエコノミー概念とどのような関係にあるかを明らかにする。その際、バタイユの普遍経済論における、見返りを求めない純粋な贈与や損失や消尽の問題の重要性に触れる。

われわれは、結論として次のことを手にすることになる。確かに、バタイユとレヴィナスのエコノミー概念は、経済の現象を生の活動全体にまで拡げ、それを物質から精神にまで及ぶ普遍的問題として位置づけるという点で、等価交換や有用性や生産の原理に基づく既成の経済学への根本的な批判と拒絶とを共有する。しかし、そこには、「ある」の問題をはじめとして、いくつか無視できない違いも見られる。しかも、この違いは単に存在論の問題だけではなく、時間論やエロス論における我と汝の関係をはじめとして哲学的な重大な問題を孕んでいる。それは、哲学的なパラダイムの転換の問題である。

一

ガリマール社版の全集で二七頁にも及ぶ、バタイユの書評論文「実存主義から経済の優位性へ」は、次の書き出しから始まる。「今日、哲学の領域において、実存主義に対して事実上の支配的地位を認めない者は誰もいない。一般にとても正しく認識されているとは言い難いこの学説は、かつてない流行に与っている。しかし、この地位は通俗的な好奇心によるものではない。明らかに、今日の哲学において、われわれがもつ実存についての概念を更新しようと望む一学派の仕事に対抗できるようなものは何一つない(2)」。言うまでもなく、ここで「一学派の仕事」とあるのは、いわゆる実存主義者たちの仕事を指している。この論文で言及される哲学者は、ヘーゲルやキェルケゴール、ハイデガーをはじめ多岐にわたる。一読して解るように、これらの文章を読むには一九四七年という時代の雰囲気を考慮に入れる必要がある。しかし、ここではわれわれは、実存主義をめぐる細かい議論についてはあまり深入りせずに、誤解のない限りで、直接レヴィナスに関する論考に触れようと思う。

紙幅の半分以上にもわたって、なぜバタイユはレヴィナスの著作『実存から実存者へ』を取り上げたのか。バタイユは、実存主義の根本的な問題が普遍的なものと個別的なものとの関係にあり、それはまた哲学の中心問題でもあることを指摘したのち、次のようなレヴィナスの言葉を引用する。「レヴィナスにとって、ハイデガーの哲学の新しい貢献は、『存在と存在者との区別にあり、それまで実存者にあった関係、運動、実効性を存在へと移し替えたことにある』[3]」。ここで「実存者」とあるのは「存在者」のことであり、ハイデガーによる存在と存在者とのよく知られた存在論的差異はレヴィナスでは「実存（existence）」と「実存者（existant）」との区別として論じられる。しかし、だからと言って、存在論的差異の概念に関してレヴィナスに誤解があるわけではない。バタイユは次のように続ける。「実存と実存者との対立は、存在と存在者とのそれと異なるわけではない。実存は非人称的であり、それは普遍的である。実存者は個体である。それは実詞であり、実存はその動詞なのである。すなわち、実存は、レヴィナスにとって、『純粋な動詞』であり、それが実詞に移行することが実詞化（hypostase）なのである[4]」。

バタイユのレヴィナスに対する関心は、この実存と実存者との結びつきにある。彼はそこにここで彼自身が提出した問題、個別的なものと普遍的なものとの関係の問題を見出したのである。しかし、バタイユは全面的にレヴィナスに同意しているわけではない。バタイユから見ると、レヴィナスにおけるこの個別と普遍との結びつきが、すなわち実存者と実存との結合が、一回限りの決定的な出来事としてある点に、違いがある。要するに、レヴィナスの実存における実存者の誕生としての実詞化は、ダイナミックなものとは言えず、そこには「混乱」も「悲痛」も見られないということである。それは、バタイユによれば、レヴィナスの関心がもっぱら実詞化の可能性そのものに向けられていたからである。しかし、この解釈には少し無理がある。レヴィナスにおける実存と実存者との関係は、単に個別と普遍との結合ではない。レヴィナスの実存と実存者との区別はハイデガーの存在論的差異に基づくものではあるが、そこには決定的な違いがある。レヴィナスの実存は「実存者なき実存」であって、いわゆる存在者の存在ではない。それは、存在と存在者との結びつきを可能な限り分離したものであり、その分離の果てに見出されたのが「ある」の概念、すなわち、「実存者なき実存」という概念なのである。この実存の概念、この「ある」の概念の理解において、バタイユとレヴィナスは決定的に異なる。それはまた、モーリス・ブランショの「ある」の記述の解釈をめぐる両者の対立点でもある。レヴィナスにとっては、実存と実存者との関係において、「ある」に回帰することのない、実詞化の逃走が問題であったのに対して、バタイユにとってはむしろこの関係における陶酔や熱狂が重要であったからである。実は、この違いは、エコノミーの問題を経由して後々、より明確な形を与えられることになる。

にもかかわらず、バタイユのレヴィナス理解には見るべき多くの点がある。例えばそれは、ハイデガーとレヴィナスとの「存在」をめぐる対立に関してである。ハイデガーの不安は無と結びつくが、レヴィナスの場合は存在と結びつく。レヴィナスの場合はむしろ、「恐怖」という語がより正確だが、バタイユはハイデガーの「死への存在（Sein zum Tod）」という概念に触れたのち、次のように言う。「しかし、この対立はこのようにたてられる。それは、『存在の恐怖と無の恐怖』との対立である。レヴィナスによれば、ハイデガーにおいては不安が『死への存在』を成立させるのだが、（中略）——それに対して『出口のない』そして『応答のない』夜のおぞましさが仮借なき実存なのである。『ああ、明日もまた生きなければならない』、今日の無限のうちに含まれている明日を。死がレヴィナスを恐怖させるのではなく、『死の不可能性』が彼を恐怖させるのである」(5)。「ある」としての実存の「存在」と存在者の存在の「存在」との違いは明らかであろう。ハイデガーにとっては無が不安であり恐怖なのであるが、レヴィナスの場合には死ねないことが、死の不可能性が、つまり存在しているものが何もない、実存者なき実存が、そのような不在の現前が、「ある」としての「存在」こそが、恐怖なのである。この逃げ場のない、出口のない、応答のない夜の恐怖からいかにして逃走するか。それがレヴィナスの哲学の課題となる。

もう少しだけ、この「実存者なき実存」としての「ある」の問題にこだわってみよう。というのも、両者にとってエコノミーの概念が導入され重要な意味をもつのは、この「ある」における実存者の誕生、すなわち、実詞化の出来事においてだからである。ただ注意しなければならないのは、今度は「瞬間」の概念が問題になるという点である。実詞化の出来事とその結果については、レヴィナスにおいて、さまざまな言葉を使って表現されている。それは内部と外部の誕生であるから、主観的なものと客観的なものの双方に関わり、現在、主体、自我、知、光、世界の誕生などであり、それらはすべて一つひとつ厳密な概念規定を必要とするものばかりであるが、そのなかでも特にここで重要な概念は「瞬間」あるいは「現在の瞬間」という概念である。「瞬間」の誕生はもちろん、実詞化と同じ事態、要するに、非人称的で無名の存在一般、「実存者なき実存」において特定の何ものかが誕生することを意味する。そして、この「瞬間」の誕生において問題になるのが時間である。実は、レヴィナスがエコノミーの問題を取り上げるのは、二つの時間の区別、「正義の時間」と「贖罪の時間」の区別においてなのである。

再びバタイユの「ある」の理解に戻るが、彼はレヴィナスの文章のなかから次の一節を引く。「存在の非人称的で無名の、しかし消えることのない『消尽（consumation）』、無そのものの根底でつぶやいているこの消尽、それをわれわれは、あるという用語で定める。あるは、人称の形式を取らないことにおいて、『存在一般』である[6]。あえて言うまでもないが、バタイユの引用では、もちろん「消尽」に強調点がある。レヴィナスが「ある」を存在の消尽として規定した点に、バタイユは彼自身のエコノミー論との接続を見たと指摘することは容易なことである。しかし、この「消尽」をどのようにして語るのか。レヴィナスによれば、「ある」は内面性も外在性も超越している。むしろ、「ある」はそれらの区別を不可能にする。そうであれば、人であれ事物であれ、実存者であれば、主客の区別から出発してそれらを捉えることができるが、この存在一般に関しては、その区別が消滅しているのであるから、もはやこの区別に頼ることはできない。したがって、この事態は、レヴィナスにとってもバタイユにとっても深刻な問題を提起していることになる。ここでレヴィナスは、この「光の絶対的排除である状況」における夜の経験を「ある」の経験として持ち出すが、他方バタイユは方法の問題として科学の優位性、すなわち、実存主義に対する「経済学（science économique）」の優位性という考え方に立つ。この奇妙な独特の経験論と見慣れない表記による奇妙な科学主義。一体、何が問題だったのか。なぜ、エコノミーの学としての経済学の優位性なのか。その根拠は何にあるのか。しかし、これらの問題については、バタイユによるレヴィナスの「瞬間」の概念の問題とともに第四節で取り上げることにして、まずレヴィナスおけるエコノミーの問題の検討から始めよう。

二

われわれの知る限り、『実存から実存者へ』というレヴィナスの著作において、「エコノミー（économie）」あるいは「エコノミック（économique）」という語には、二つの意味がある。一つは、バタイユが伝統的経済学という言い方で表現した生産的消費を原理とする通常の意味での「経済」および「経済的」という用語の使い方。もう一つは、レヴィナス独自の「経済」という用語の使い方。前者は後でバタイユとの関連で詳しく取り上げることになるが、問題は後者である。それは例えば、「存在のエコノミー」あるいは「存在の一般的エコノミー」という表現において現われるが、ほんの数例にすぎない。それを同時期のレヴィナスの作品、『時間と他者』に求めても、やはり同じく数例であり、使い方としてはほとんど変わるところはない。

一例を引こう。まず『実存から実存者へ』のなかから。「実詞化（hypostase）、すなわち「実詞（le substantif）」の出現は、単に新しい文法のカテゴリーの出現ではない。それは、無名のあるの中断、私的な領域の出現、一つの名前の出現を意味している。あるの根底に、存在者は不意に現出する。ハイデガーが単に差異によって存在の傍らに置いただけの存在者の存在論的意味は、存在の一般的エコノミーにおいて、このように演繹される」[7]。次に『時間と他者』から。「フロイト自身もリビドーについては、快楽を分析の出発点ではあっても、分析の対象ではない単なる内容とみなすことで、それを快楽の追求以上のものとしては語っていない。彼は、この快楽の意味を存在の一般的エコノミーにおいて探究することはない。愛欲を、未来の出来事そのもの、何ら内容をもたない未来、未来の神秘そのものとして主張するわれわれのテーゼは、愛欲のもつ例外的な位置を説明しようと努めるものである」[8]。この二つの例から解るように、「存在の一般的エコノミー」として使われるエコノミー概念は、働きとしての存在全体において存在者なりリビドーなりを位置づけ問題にするという、いわば普遍存在論の構想に基づく用語法と考えられる。そうであれば、レヴィナスの二つのエコノミー概念は、バタイユの限定経済学と普遍経済論との区別に対応していると考えることも可能である。言い換えれば、この区別はまた、生産的消費を原理とする伝統的、限定的エコノミーと、非生産的消費を原理とする普遍経済との区別とも対応する。ただし、これは経済論と存在論とのアナロジーが成立すると仮定してのことだが。ただ、そこに問題がないわけではない。それは、はたしてレヴィナスにおいて、バタイユの普遍経済論のような試み、つまり普遍存在論の試みがどこまで可能であったかという疑問である。この疑問への解答は、実存から実存者へと向かうことで、ハイデガーの存在論的差異の転倒をはかるという、レヴィナスの試みが全体としてどのようなものであったかを明らかにしない限り不可能であろう。そのためには、「存在論よりも古い倫理」や「存在論的差異の彼方の意味」といった表現を正確に測定し、その真の狙いを明確化する必要があるだろう。これはしかし、別の大きな論考を必要とする。われわれはここでひとまず、バタイユの構想とレヴィナスのそれとの対応を第三節において検討されるべき仮説として提示することで、レヴィナスにおけるもう一つのエコノミーの問題に取りかかることにしよう。

第一節でバタイユによるレヴィナスの「ある」の概念の理解を取り上げたが、それを逆にレヴィナスの側から照らし出すために、少し遠回りをしよう。それはまた、第四節でのバタイユによる「瞬間」の概念に関する議論の検討の準備のためでもある。

『実存から実存者へ』において一体何が問題であったのか。第二版への序文で、レヴィナスは三〇年ぶりに自分の著作を振り返り、「ある」こそその中心にあったものであると答えている。そのなかで、特にわれわれの興味をひくのは、次の言葉であろう。「あるという語は、ハイデガーの『ある（es giebt）』から根本的に区別される。それはこのドイツ語の表現やそのドイツ語の表現のもつ豊かさや気前のよさの含意の翻訳でも言い換えでもなかった。捕虜時代に書かれ、解放の直後に出たこの作品で提示されたあるは、子ども時代の秘められた、沈黙が響きわたり空虚が充満する時に不眠のさなか再び現われる、あの奇妙な強迫観念の一つに遡る」[9]。注意したいのは、レヴィナスの「ある」とハイデガーの「ある」との違いである。ハイデガーのそれが、バタイユの普遍経済論との関連でまったく見返りを求めない無償の行為としての「贈与」、すなわち、「純粋贈与」「神の贈与」を想起させるのに対して、レヴィナスの「ある」は「存在の砂漠のようで、強迫的で、おぞましい性格」を表わしている。それゆえ、それは、いかなる否定をもってしても、絶対的な否定でさえも打ち消すことのできない「存在一般」を意味する。ハイデガーの存在論的差異を分離にまでもたらした、この非人間的中性性としての「ある」において、もちろん、いっさいの存在者は不在である。何もない。あるのはただこの「ある」のみ、すなわち、すべての不在の現前のみである。問題はここに何かが現われるという事態、要するに、あるものが存在一般としての「ある」を、誰のものでもない「ある」を自分のものにするという事態である。実存者が実存のうちに誕生するという出来事、言い換えれば、実存が実存者に服従するという出来事、それこそ、主体の定立であり、現在の不意の出現なのである。今われわれが取り組まなければならない時間の問題の術語でさらに正確に言い直せば、それこそが「瞬間」の誕生という出来事なのである。

　時間の問題に取りかかる前に、この「第二版への序文」においてどうしても触れておかねばならないことがある。それは、「ある」における実存者としての生きる者たちの誕生の後の問題である。こうしたあの非人間的中性性からの脱中性化は、つまり非人称性からの人称性への移行は、生きる者たちの「存在への努力（conatus essendi）」や「自己への気遣い（souci de soi）」においては、すなわち彼らの住む世界においては、人間的な意味を獲得することはない。むしろ、世界における「存在への努力」や「自己への気遣い」は、無関心、諸々の力の匿名的均衡、時には戦争への転化を招くことさえある。どうしてか。そこにはエゴイズムの超えがたい対立があり、たとえ救済が「世界の彼方」に求められても、そこでは「他の者たちに対する顧慮」はないからである。そうなると、このエゴイズムの世界において何が起こるのか。もはや改めて言うまでもなく、「ある」への回帰である。ここで、レヴィナスが実詞化としての「瞬間」の誕生という出来事にこめたもう一つの運動に注目する必要がある。それは「コナートゥス・エッセンディ」としてのエゴイズムだけではない。「ある」に回帰することのない、実詞化の運動、それが「実詞化の脱-走（dé-fection）」である。レヴィナスは次のように言う。「存在者の存在者性よりももっと鋭い、実詞化の新しい意味を、自我は非対称性として構造化される他人の近さにおいて発見する。隣人に対する私の関係は、決して、隣人から私へと向かう関係を逆転させたものではない。というもの、決して私は、他者に対する義務を免れないからである。関係は不可逆なのである」[10]。ここまで来ると、時間の問題まであと一歩である。この不可逆性は、「他人との対面」と時間性との結びつきを示唆している。ただし、ここで、他人、あるいは他者と言われているものに注意が必要である。それは、決して「他のエゴ」、つまり「アルター・エゴ」としての「他」ではない。レヴィナスの場合は、それは「貧しき人」であり「寡婦」であり「女性」である。それは決して自己自身への回帰にすぎない「共感」によって認識される「他我」ではない。

しかし、これはあくまでも三〇年後の確認にすぎない。確かにわれわれはそこに改めて彼の提起した問題の重大さを見ることができる。例えば、関係の非対称性や不可逆性の問題は、愛やエロスの問題を考える時、愛することと愛されることとの違いに触れた本質的な問題を含んでいる。それはまた、互酬性や交換の原理に基づく経済ではなく、見返りを求めない、純粋な贈与や神の贈与の問題を考えていくうえで、きわめて示唆的である。けれども、これ以上の遠回りは許されない。レヴィナスにおけるもう一つのエコノミーの問題を取り上げよう。

レヴィナスにおいてエコノミーの問題を取り上げるために、時間と経済との関係に的を絞ることにする。すなわち、レヴィナスが区別した二つの時間、「正義の時間」と「贖罪の時間」がそれぞれ経済の現象とどのような関係にあるかという問題である。『実存から実存者へ』における「実詞化」という標題をもつ章の第三節「時間へ」がここでの考察の対象になる。この「時間へ」という節の冒頭でレヴィナスは、彼独自の奇妙な時間への取り組み方を次のように述べる。「これらの研究を導くのは時間の考え方という根本的テーマであるが、われわれは次のように思う。時間は現在において達成される存在との関係の不十分さを表わしたものではなく、瞬間が成し遂げる決定的接触の過剰（excès）を治療（remédier）すべく求められている。存在の平面とは異なる平面にある持続は、存在を破壊するわけではないが、存在の悲劇を解消してしまう」[11]。続いてレヴィナスは、このテーマの展開がこの著作では不十分なものに終わらざるをえないと断ったうえで、それでも要約的に、時間についての考え方というテーマのパースペクティヴを示す必要があると述べる。なぜか。「私」や「現在」の問題、すなわち、実詞化に関する問題は、この時間論のパースペクティヴのうちに位置づけられることになるからである。それゆえ、われわれもここでの要約的な時間論がそのままレヴィナスの時間の考え方を表わしているとは考えてはいないが、われわれの課題の設定との関連で言えば、こうした時間論においてこそまず彼の時間の考え方を見ておく必要があるのである。

先の引用の「過剰」や「治療」や「存在の悲劇」という語に注目していただきたい。何よりもまずレヴィナスにとって時間は、この過剰の治療にあるということである。実詞化という存在論的出来事は主体の定立であるが、それは単なる自由の設立ではない。そこには、「存在の悲劇」が潜んでいる。主体はその誕生のドラマにおいて重荷を背負っている。この重荷は自由を支配する運命のそれであって、決して下ろすことのできない「重さ」なのである。この重さは、どこから来るのか。言うまでもなく、それは存在の重さであり、それは「私」が、あるいは「自我」がどこまでいっても自分自身でしかないということを表わしている。この「自我」と「自己」との連鎖、それをレヴィナスは鎖でつなぐという語で表現する。それゆえ、「私」は自分自身へと鎖でつながれているのであり、それはいかなる仕方でも解き放すことのできない連鎖なのである。ラシーヌの悲劇に関して触れたレヴィナスの卓抜な表現を借りると、次のようになる。「主体は、自由であり始まりであるにもかかわらず、この自由そのものを既に支配している運命を背負っている。無償のものは何一つない。主体の孤独は、一つの存在の孤立以上のものであり、一つの対象の統一性以上のものである。そう言ってよければ、それは二人がかりの孤独である。この私とは他なるものは私に伴う影のようについてくる(12)」。二人がかりの孤独とは、自我と自己との二人がかりの「私」の孤独である。しかし、この「私」の二重性は救済をもたらすことはない。孤独を破ることは「私」の力では不可能なのである。では、救済はどこから来るのか。それは自分からやって来ることはない。時間という次元、すなわち、「他人との関係」の「他性」という次元からである。レヴィナスが「過剰」や「治療」や「存在の悲劇」を語り、そして「無償」にまで言及するのは、別の次元での救済、実存の別の様態において、すなわち、時間という次元において救済を考えているからである。ただし、それが「持続」としての時間ではないことに注意しよう。

実は、ここで、バタイユ的な贈与の考え方を導入して、この「瞬間」における存在の過剰と「無償のもの」は何一つない」の「無償」とを組み合わせて、レヴィナスの言う「他人との関係」を、贈与論において構想することも可能である。関係の非対称性や不可逆性は、存在の過剰を一切の見返りもなしに、一方的に純粋に贈与するという無償の行為の可能性の条件であり、この相互性や交換や互酬性を拒絶した「他人との関係」こそ、レヴィナスの考えた相互主観性にほかならない。愛は与えて初めて愛なのである。それはいかなる見返りもなしに、まず自分自身を一方的に純粋に与えることである。この関係こそ、レヴィナスが、そしてバタイユが「エロス」という語で呼んだものにほかならない。この問題にはもう一度戻るが、レヴィナスの次の一節を引いて、予め問題の所在の確認だけはしておこう。「相互主観性は多数性のカテゴリーの精神の領域への適用ではない。それは、『エロス』によって、あるいは他人の近さにおいて与えられる。隔たりは完全に維持され、その隔たりのもつパトス的なものは同時にこうした二つの存在の近さと二元性から作られる。愛におけるコミュニケーションの挫折として提示されるものは、まさしく、その関係の肯定性を構成する。他者のこうした不在は、まさしく、他者の他としての現前なのである」(13)。このエロス論には、しかし、何かが欠けている。死の匂いがない。それはバタイユの贈与論を経由したエロティシズムにおける愛の関係と対照をなしている。問題は、こうしたエロスの関係において自己と他者との間で何が起こっているかである。自分を見返りもなしに一方的に純粋に与えることにおいて、我と汝との間に何が起こるのか。また、レヴィナスの愛の関係に死の匂いがないとすれば、彼の場合、エロスは生殖へと向かうべき何ものかだったのではないかと考えることができる。それはまた、レヴィナスにおけるエコノミーの問題と深いつながりがあるのではないか。

三

既に述べたように、実詞化は主体の定立、すなわち自我の誕生であった。しかし、この自我は「ある」であり「存在一般」である実存としての自己に鎖でつながれている。自我は自分の力ではそれを解き放つことはできない。救いは自分からではなく、「他」からやって来る。この「他」が問題である。それが時間である。

この時間の次元は、レヴィナスのテクストにおいて、「希望（espoir）」の問題として取り上げられる。レヴィナスは次のように述べる。「希望が希望であるのはそれが許されない時である。ところで、希望の瞬間において取り返しがつかないもの、それはその希望の現在そのものである。未来は現在において苦しんでいる主体に慰めや補償をもたらすことはできるが、現在の苦しみそのものはそのこだまが空間の永遠性にいつまでも反響する叫びように残る。世界内でのわれわれの生にならって作られた時間、以下のいくつかの理由でわれわれが経済の時間（temps de l'économie）と呼ぶような時間の考え方においては、少なくとも事情はそうである[14]」。この「経済の時間」が問題である。それこそがレヴィナスによって「正義の時間」と呼ばれるものであるが、その時間の構造と意味とを明らかにしなければならない。

「希望の瞬間において取り返しがつかないもの」という表現に注目していただきたい。取り返しがつかないものとは、希望の現在そのものであった。それでは、それがなぜ取り返しがつかないのか。希望の瞬間は希望の許されていない瞬間、すなわち苦悩の瞬間である。希望はこの苦悩の瞬間の解放に向けられている。しかし、希望においては、それは希望の現在そのものにおいて到来することはない。到来しないがゆえの希望だったからである。では、この希望の瞬間が希望する、苦悩の解放は、いつどこで実現するのか。それは未だない瞬間においてである。この未だない瞬間による苦悩の現在の救済、それが「経済の時間」の構造である。しかし、それは、真の救済、すなわち希望の現在の苦悩そのものの解放ではなく、救済の繰り延べであり、延期でしかない。このロジックは何かに似ていないであろうか。生産や労働や蓄積などの用語で、この事態を語れば、それは生産を原理とした経済学の論理に変わるはずである。

経済の時間は、労働や努力に対する報酬や補償や代価として、対象を与える。そこでは、今の労役はその代価としての対象によって埋め合わされ、均衡が取られる。この時間を支配しているのは、言うまでもなく、等価交換の原理である。ここではあらゆる瞬間が等価であり、それは世界内の諸対象によって交換可能なものとなる。それゆえ、この時間は「公平」を原理とするという意味で「正義の時間」とも呼ばれうるし、「世界の時間」とも言うことができる。しかし、現在の瞬間の労役は、はたして、こうした交換の原理によって贖われるのだろうか。現在の瞬間の苦悩は、他のものに変わりうるという置き換えの論理によって救済されるのであろうか。それは一つの瞬間を他の瞬間へ、他の瞬間をさらにもう一つ別な瞬間へという具合に次々に先へ先へと繰り延べすることではないだろうか。それはまた、まさしく富の蓄積の論理でもあった。今あるものを使わずに生産に必要なだけ消費する、そこで求められるのは、再生産であり、富の余剰ということである。剰余価値の秘密がそこにある。バタイユの用語を使えば、全体を支配するのは、有用性であり、必要性である。レヴィナスは次のように言う。「努力と、われわれが努力の果実を享受する余暇との交代は、世界の時間そのものを構成する。世界の時間の瞬間瞬間は等しい価値をもつから、その時間はモノトーンである。（中略）状況、あるいは、努力にほかならない実存へのアンガージュマンは、その現在そのものにおいて回復されるのではなく、抑圧され補償され償還される。それは経済的活動である[15]」。

このような経済的世界がわれわれの生を支配している。それは物質的生だけではなく、救済の要求さえ、商品化し、われわれの実存のあらゆる形態を覆い尽くしている。しかし、ここにはあの「瞬間が成し遂げる決定的接触の過剰」への「治療」、すなわち救済はない。いや、事態はもっと絶望的かもしれない。この時間はまた、道具や文明の時間でもある。「現代の文明においては、道具は、手の届かないものに手を届かせるために手を延長するというだけではなく、より速くそれに到達することを可能にし、すなわち行為が引き受けなければならない時間の廃棄を可能にする。道具は、間の時間を捨てて、持続を引き取る。道具は機械であり、（中略）装置の多様性は、機械の本質的特徴である。その多様性が諸瞬間を集約する。それは速度を作り出し、欲望の忍耐のなさに応える[16]」。

レヴィナスはこのような「経済の時間」の支配に救済の時間である「贖罪の時間」を対置する。この時間は、現在の瞬間が他の瞬間によって補償されるのではなく、現在の瞬間がそれ自身において価値と意味をもつような時間なのである。それでは、レヴィナスにとって、希望や未来は何ら意味をもたないものなのだろうか。確かに、レヴィナスによれば、労苦を償いうる正義は存在しないし、未来の報酬は現在の努力を汲み尽くすことはできない。しかし、希望や未来はこの「贖罪の時間」においてまったく異なる意味を獲得する。すなわち、希望は償いえないものの償いの希望として、そして未来は現在の復活として意味をもつ。その意味で、死は復活なしに十分ではないのである。

レヴィナスはこの復活としての時間について次のように言う。「われわれは時間がまさしくそのようなものであると考える。『次の瞬間』と呼ばれるものは、瞬間のうちに固定された実存の解消不能な関わりの解消であり、『私』の復活なのである。われわれは、『私』が自己同一的で許されていないものとして次の瞬間に入り込んで、その新しさが『私』を『私』の自己への連鎖から解き放つことのない新しい経験をするというようには考えない。そうではなくて、空虚な間隔における『私』の死が新しい誕生の条件であり、『私』に開かれてくる『他の場所』が単に一つの『転地』ではなく、『自己という場所とは異なる場所』になるだろうと考える。しかし、だからといって、『私』は非人称的なものや永遠的なものに沈み込むというわけではない[17]」。このように、「贖罪の時間」とは、われわれによって、経済の時間よりももっと深いところで掛け替えのない瞬間の復活として生きられている時間であり、そこで「私」が一つの瞬間から次の瞬間へと入り込み、死とその復活とを経験する時間である。

しかし、既に再三指摘したように、この死と復活は「私」の業ではない。救済は、他の場所からやって来る。要するに、「他人との関係」の「他性」からやって来るのである。そして、われわれにはここでそれを取り扱う余裕はもはやないが、ここからレヴィナスにおける「時間と他者」の問題やエロスの問題が始まることになる。今度はレヴィナスを離れて、もう一度バタイユに戻り、彼の「瞬間」の概念の理解において、両者のエコノミー概念の関連性を検討し、バタイユの普遍経済論の構想を提示することにしよう。

四

バタイユは、レヴィナスの「瞬間」の概念をどのように捉えているのだろうか。まずバタイユは、「ある」の固有の時間と個体的存在者の時間との違いについて触れ、次のように言う。「区別された個々の瞬間やリズムの可能性は、非人称的実存にはないものである。そこでは、時間のすべての点が、暗い夜のなかでの空間の諸点のように、同じようになっている(18)」。つまり、「ある」においては、区別された個々の瞬間は夜の暗さのなかで一つに溶解している。逆に、「ある」は眠りの不可能性であるから、目覚めたままであり、いつまでも眠りの訪れのない不眠状態にある。しかし、この不眠のうちに、その中断としての眠りが突然訪れる。それが「瞬間」の誕生である。バタイユは、レヴィナスの次の文章を引く。「瞬間が存在に侵入することが可能になり、いわば存在の永遠性そのものであるあの不眠が止むためには、主体の定立がなければならないだろう(19)」。「瞬間(instance)」という語に、「立ち止まること」の意味が含まれていることに注目していただきたい。言うまでもなく、この「立ち止まり」は「ある」のそれであり、それが「瞬間」の誕生、すなわち主体の定立である。それはまた自我の定立でもある。バタイユは次のように言う。「孤立して存在している自我こそ、レヴィナスによれば、瞬間を引き受け、人格的存在が際立ってくる一つの努力の収縮のうちに、ある方向にそれを留め置くのである。瞬間が把握できる実存を手にするのは、それが実体的存在において捉えられる限りでであり、それが孤立した主体の弁別的で分けることのできる所有物である限りでである。しかし、そうであるならば、瞬間はもはやわれわれの手慣れた時間の原子的な点ではないだろう。それは『一塊り』のものではないだろうし、反対に瞬間はその出来事において過去を現在に結びつけながら、『分節化された』ものであろう」[20]。

このように捉えられた「瞬間」の概念をどうのように理解すべきなのか。ここでバタイユは、もう一つの方法である科学のやり方、すなわち、経済学の方法を用いる。バタイユによれば、経済学は通常、対象の生産と消費という道程を辿る。労働はこの生産と消費の回路のうちで考慮され、価値をもつ。それゆえ、生産とは無縁の労働も生産的労働をモデルにして価値を測られ、同一視される。報酬は生産に対して与えられるのであり、何らかの報酬が与えられる限りで、それは労働なのである。しかし、これで十分であろうか。バタイユは、対象の生産と消費の循環だけでは、われわれの経済の働き全体を捉まえることはできないと考える。欠けているのは、二つの「消費（dépense）」概念の区別である。「しかし、人間の活動は対立する二つの消費の項目を別々に発展させてきた。すなわち、生産的消費（大半の動物の基礎的部分）と非生産的消費である。前者は獲得の手段（それ自体目的ではなく、後者の非生産的消費の手段）である。これら二つの操作の意味を時間において考慮すると、明らかに、生産的消費の意味、つまり経済的観点から言えば、所得の意味は、それと未来との関係において与えられる。反対に、非生産的消費の意味は、現在の瞬間に与えられる。逆にこうも言える。経済が未来を考慮する場合、意味のある活動は生産的消費（労働、あるいは、その労働の生産に必要な消費）だけになってしまう。それに対して、非生産的消費は無意味や反意味にすらなってしまう（それが生産活動の日々の補完物になってしまうのでなければ）[21]」。今問題は二つの消費、生産的消費と非生産的消費との区別であるが、バタイユはその違いの本質を二つの時間の違いとして、すなわち、未来と現在の瞬間との違いとして考える。しかも、これは決して経済学において問題にならなかった違いなのである。それゆえ、経済学は不完全なものでしかない。それでは、現在の瞬間を考慮に入れたら、どうなるのだろうか。その時には、「生産的活動は無意味になり、非生産的なものだけが価値をもつことになる」。

しかし、これだけではまだバタイユが非生産的消費という概念によって考えていることの半分にすぎない。なぜ非生産的消費が経済活動の本質なのかが依然として不明なままだからである。非生産的価値は、否定として現われる。つまり、一方的消費は何も産み出すことはないがゆえに損失である。その意味で、それは確かに否定である。しかし、この否定は、既に与えられている否定の否定であり、現在の瞬間の既になされている否定の否定である。どういうことか。瞬間は、常に他のものとの関係においてでしか意味を与えられなかった。一つの瞬間は、次の瞬間、別の瞬間、例えば、未来との関係に基づいてはじめて意味をもつ。その意味で、現在の瞬間は常に既に否定なのである。そして、非生産的消費は既にあるこの現在の瞬間の消費であるがゆえに、それは否定の否定なのである。要するに、非生産的消費は現在の瞬間それ自体の肯定と考えられる。確かに、何らかの対象を消費するという点では、明らかに損失であり、単なる否定にすぎない。しかし、そうではない。バタイユはここで何ものかの消費ではなく、現在の瞬間そのものの消費を考えているのである。現在の瞬間は対象ではない。われわれはこの現在の瞬間そのものを生きているのである。したがって、この現在の瞬間そのものに向けられた非生産的消費は、生の消尽、生命の燃焼という意味で、未来のために現在の瞬間を否定する生産的消費とはまったく異なる価値をもつ。バタイユは次のように言う。「反対に、生産的価値こそ、本質的に否定的である。それは実際、存在しているもの、すなわち、現在を、存在していない、未来のために、否定する。実際には、非生産的活動一般は常に肯定的である」[22]。ここには確かに「損失（perte）」がある。しかし、それはバタイユには問題にならない。なぜなら、「生きている存在はエネルギーの過剰」を自由に使うことができるし、限られたレベルではなく、普遍経済論の立場にたてば、溢れ出る世界では消費されるべきエネルギーは常に過剰であり、むしろそれをいかに消費するかが問題だからである。われわれはいずれまた、この普遍経済論に戻ることになるが、「損失」と「利益」に関してここでもう一度バタイユの言葉に耳を傾けよう。

既に述べたように、非生産的消費として現実のものとなる「損失」は単なる「損失」ではない。確かにそれは、富の蓄積という経済学的観点から見れば、富の一方的な浪費にすぎないが、それは卑小な見方でしかない。蓄積の論理は、未来のために現在を犠牲にすること、未だ存在しないもののために既に存在するものを使うことであり、それは結局現在の瞬間の否定につながる。そうなると、「瞬間」は他のものとの関連においてでしか規定されないことになり、それ自体においては、それ自身にとっては意味も価値ももたないものとなる。これでは、現在の瞬間の救出は不可能であろう。バタイユとレヴィナスが「瞬間」という概念をめぐって合流するのは、この地点においてなのである。レヴィナスにとって、実詞化としての「瞬間」の誕生はそれ自体において意味をもつものであり、それはここでの経済論に翻訳すれば、「非生産的消費」という概念の問題と重なる。他方、エネルギーの一方的損失が「現在の瞬間」それ自体のためにあるように、バタイユにとっては、何よりもこの「瞬間」における生の消尽こそが重要だったのである。通常の経済学では他のものと交換できるという点に価値を見るが、逆にバタイユはそこに乗り越えるべき課題を見る。それ自体においてでしか価値のないものは、有用なものではない。それ自身にとってでしか意味のないものは、現実には意味のないものである。こうした有用性や必要性の原理にいかにして対抗するか。バタイユは、非生産的消費の肯定性の実例を芸術に見ているが、この点においても両者は共通の立場にたつ。レヴィナスにとって、芸術には存在の物質性を露呈させる働きがあり、芸術の意味は現在においてある。なぜなら、対象が世界において意味をもつのは未来においてであるが、芸術はその対象を世界から切り離してしまうからである。例えば、一枚の紙はその紙のもつ可能性が実現する用途に応じて未来において何ものかでありうるが、現在においてはただの紙、すなわち、今あるものとして単なる物質でしかない。しかし、われわれは通常それをそれ以上のものとして見ている。つまり、何かの対象として見ている。しかし、それは他と交換できるという生産的消費の論理、未来において現在を規定するという論理に基づく見方でしかない。

しかしながら、両者の間には微妙な違いが散見される。それは主に「ある」についての態度の違いに見ることができる。今度は主体の問題から、非生産的消費と生産的消費の対立を見てみよう。バタイユは、詩や芸術、一般には、自由な消費である非生産的消費が「主体の解消に向かうという事実」をあげて、それがエコノミーから離れることにはならないと述べたのち、次のように言う。「生産的経済の伝統的研究は持続に登録された諸主体の定立を要求する。生産的経済は、まさしく孤立した主体の領域なのである。その研究は、非連帯的な個々人に生産された諸価値の分配を調整する法的条件の研究を課す。逆に、主体はその期待された成果が生産物の個人的享受であるような活動の埒外に定立されることはありえない。しかし、どんな非生産的消費も主体に対して、こうした運動の一時的放棄を要求する。主体は、所有を軽蔑し、利益を当てにしないで消費する限りで、逆説的な仕方で自己を否定する。レヴィナスの術語を借りると、主体はそれ以降実存者としてではなく、実存として振る舞うことになる。これはもはや、自分ではない対象と、主体ができるものなら有効に自分のものにしようとする対象と対立する、対象的世界の主体ではない。主体は自分の自由になる富の一部を、見返りなしに、いささかも他人を所有することなしに、他人に委ねる。このことは第一に次のことを前提とする。すなわち、主体は現在という時間において、自分自身と他者との差異を作ることをやめるということである。それはさらに次のことを意味する。それはさらに、頂点において、主体はもはや自分の実存と世界とを分け隔てしないことを意味する」[23]。ここには、注意深く読めば、見返りを求めない贈与の思想、自他の差異の消失としてのエロティシズムの考え方など、普遍経済論の壮大な構想の一部が書き留められている。しかし、これはバタイユの文章であって、レヴィナスのそれではない。むしろ、自他の差異の消失など、レヴィナスとは対立するものさえある。エロス的経験をめぐる問題などはその最たるものであろう。しかし、ここでは、この対立について取り上げる余裕はもはやない。

最後に、経済学の優位性という方法の問題に簡単に触れ、この論考を閉じることにしよう。バタイユによれば、レヴィナスが『実存から実存者へ』において行なったことは、「言い難い経験のコミュニケーションの問題」に取り組んだことである。[24] 例えば、「ある」は明らかに神秘家の名状し難い体験に近いものである。しかし、レヴィナスはそれを哲学の言語によって表現する。その際彼は、二つの方法をとる。外からの接近と「内密性（intimité）」という独自の経験に訴える仕方とである。外からの接近は、例えば、芸術や現代絵画やレヴィ・ブリュールの「融即（participation）」によるそれであるが、「内密性」の方は、バタイユに言わせれば、明晰な認識による伝達ではなく、もっぱら「詩」の形でなされるものとみなされる。科学の優位が問題になるのは、この地点、つまり認識と詩との間の地点においてである。バタイユは、レヴィナスがブランショの作品『謎の男トマ』のなかに見出した「ある」に関する描写の一節を長々と引用した後、次のように言う。「レヴィナスは、ブランショの文学的テクストにおいて、純粋に実存の叫びであるものを、形式的一般化によって（言い換えればディスクールによって）一つの対象として定義する。レヴィナスが固執する原理（実存主義的な原理）は、彼の思考の歩みを未完結なままに放置するのであり、たとえ彼が一般化するとしても（したがってたとえ彼が対象として考えるとしても）、それでも依然として彼は個別的なもの、内密なもの、主観的なものにしがみついている。逆に、レヴィナスは、自分が体験する生をこの一般化に巻き込まざるをえないのであり、諸対象がわれわれにそれぞれ別々に認識される様式そのものに基づいて、この生を一つの認識として体験せざるをえないのである。こうして、実存主義的な哲学は、少なくとも内密性を変化させることのない科学以上に、もっと深くわれわれを物に変えてしまう」[25]。

レヴィナスを実存主義の立場に置くのは少々厳密さを欠くが、少なくとも「ある」の問題に関してはバタイユの指摘は正確である。しかし、それと科学との比較で言えば、事態はむしろ反対ではないのか。科学こそがわれわれの体験する生を「物」に変えてしまっているのではないか。いや、そうではない。バタイユは続けて言う。「もしお望みなら、科学者も世界を、たとえばかげているとはいえ、あたかもその世界において内密性がその結果にすぎないような外的現象の意味をもつかのようにみなすこともできる。しかし、科学者がほとんど自分の生を外的に認識するだけに限り、内密性を放棄し、実際にそれを消去してしまうとしても、それでも少なくとも彼はその内密性を変質させたりすることはできない。科学者は、実存主義者が躊躇しながらもしかし中途半端な仕方でそうするように、内密性を認識の論弁的投影図に統合することはできないのである」[26]。それはちょうど、宗教において、単なる知性の操作を超えたところにある啓示や聖なるものが、認識に対する生の優位性を示しているように、バタイユにとっては、「認識のパトス」のもう一つの道である科学の方法は、われわれの生の秘密を物化することなく、中途半端な哲学に比べて「もっと歩きやすい」がゆえに、「瞬間」や「ある」の問題の仕上げには有効であると考えられたのである。

実際にバタイユは、「非生産的消費」と「生産的消費」の概念を導入することによって、この方法の実践を試みた。既に見たように、この試みは、存在論や実存主義から遠く離れて、われわれの時代のきわめて重要な希有な哲学者の本質的な問題をまったく別の観点から照らし出すことに成功した。しかし、それはエネルギーの過剰から出発して、労働、生産、消費、蓄積といった問題と同時に、「富の非生産的使用」としての贈与、損失、エロティシズム、芸術、宗教の問題を包括する「普遍経済論」というバタイユの掲げる「科学」であって、「生産の領域に限定された伝統的経済学」という単に個別的な一科学としての「経済の科学」の問題ではない。バタイユはこの普遍経済の構想とレヴィナスの哲学との関連性を次のようにまとめる。「言い換えれば、普遍経済は現在の瞬間の考察を避けることはできないのであり、確立されたすべてのパースペクティヴの線はこの瞬間という点に収斂する。それゆえ、それは内面性の哲学の展開以前には作られることはなかったはずであるが、最初からそれはこの哲学を埋葬せずにはおかないものである。（中略）実存の哲学は主観性を定立したが、それが関心の対象に値するのはこの定立が必然的に定立された主体の破滅を含意する限りにおいてである[27]」。

しかし、ここで語られた「定立された主体の破滅」はどこへ向かっての破滅なのか。この問いは、バタイユ、レヴィナス双方にとって重要な問題を提起する。ひとまず、こう述べておこう。バタイユは「ある」へ向かって、そしてレヴィナスは他者の「他性」に向かって、と。垂直と水平の運動の方向の違いが、しかし、この両者を別々の道に導いていく。それはまた、「ある」に陶酔や恍惚や幸福な融合を見るか、おぞましさや恐怖や逃走への希望を見るかの違いである。それは、最も端的にハイデガーの「ある（es giebt）」に対する態度の違いに現われている。われわれの問題は今始まったばかりである。『呪われた部分』三部作におけるバタイユの普遍経済論の構想全体についての検討や、そこで展開された彼のエロティシズム論とレヴィナスにおけるエロスの問題、さらにはレヴィナスの時間論に関する詳細な検討については機会を改めて取り上げることにしたい。

註

（1）Georges Bataille, De l'existentialisme au primat de l'économie, in *Œuvres complètes*, tome XI, Gallimard, 1988.
四人の著作とは次の通りである。

Emmanuel Lévinas, *De l'existence à l'existant*, Fontaine, 1947.

Jean Wahl, Petite histoire de «l'existentialisme», suivi de *Kafka et Kierkegaard. Commentaires*, Éd. Club Maintenant, 1947.

Guido Da Ruggieri, *Existentialism*, Edited and introduced by Rainer Heppenstall. translated by E. M. Cocks, Londres, Secker and Warburg, 1946.

Julien Benda, *Tradition de l'extentialisme, ou les Philosophies de la vie*, Grasset, 1947.

（2）Georges Bataille, De l'existentialisme au primat de l'économie, in *Œuvres complètes*, tome XI p. 279.

（3）*Ibid.*

（4）*Ibid.*

（5）*Ibid.*, pp. 290–291.

（6）*Ibid.*, p. 292. Emmanuel Lévinas, *De l'existence à l'existant*, J. Vrin, 1981. pp. 93–94.

（7）Emmanuel Lévinas, *De l'existence à l'existant*, p. 141.

（8）Emmanuel Lévinas, *Le temps et l'autre*, PUF, 1983, p. 83.

（9）*Ibid.*, Préface à la deuxième edition.

（10）*Ibid.*

（11）*Ibid.*, p. 147.

（12）*Ibid.*, p. 151.

（13）*Ibid.*, p. 163.

(14) *Ibid.*, pp. 153–154.
(15) *Ibid.*, p. 154.
(16) *Ibid.*, p. 155.
(17) *Ibid.*, p. 157.
(18) Georges Bataille, *op. cit.*, p. 298.
(19) Emmanuel Lévinas, *De l'existence à l'existant*, p. 111.
(20) Georges Bataille, *op. cit.*, pp. 298–299.
(21) *Ibid.*, p. 300.
(22) *Ibid.*
(23) *Ibid.*, pp. 304–305.
(24) *Ibid.*, p. 296.
(25) *Ibid.*, pp. 293–294.
(26) *Ibid.*, p. 294.
(27) *Ibid.*, p. 306.

第3章　レヴィナスにおける疲労と睡眠

本章では、レヴィナスの第二次世界大戦後の出発点について考えてみたい。そのために、戦後すぐに出版された『実存から実存者へ』(一九四七年)において疲労や睡眠の問題を取り上げる。というのも、戦争がもたらす「世界の終わり(fin du monde)」という状況にあって、最も重要な問題の一つが「疲労(fatigue)」や「睡眠(sommeil)」のそれだったと思われるからである[1]。

それにしても、出発点の一つがなぜ疲労や睡眠の問題だったのか。また、レヴィナスにおいて、そもそも疲労や睡眠とはどのようなものなのか。それらは「世界の終わり」とどのような関係にあるのか。これらの問いに対して、ここでは、少し違った仕方で考察を進める。すなわち、『実存から実存者へ』から二つの主著に向かうのではなく、そこから戦前のレヴィナスに遡る仕方で、二つの代表的エッセイ、「ヒトラー主義哲学に関する若干の考察」(一九三四年)と「逃走について」(一九三五年)を取り上げ、これまであまり触れられなかった結びつきについて指摘したい。

一

『実存から実存者へ』は、特異な作品である。作品の大部分は、戦争前に着手され、ドイツの捕虜収容所で書かれたという。ただし、戦争や捕虜生活についての記述はない。しかし、私には、この作品が哲学的言語で書かれたレヴィナスの「ある戦いの記録」として読める。

戦争はレヴィナスに何をもたらしたのか。「世界の終わり」という問題から考えてみよう。レヴィナスは序論に続く、「実存との関係と瞬間」の第一節「実存との関係」を次の一文から始めている。「『壊れた世界』あるいは『転倒した世界』といった表現は、今や日常的で平凡なものになったが、それでもなお真正の感情を言い表わしている(2)」。真正の感情という言い方で指摘されている事柄は、現実に起こっている事態と理性的秩序とが擦れてしまっていること、人々が互いに解り合えないこと、多様な論理が互いに齟齬をきたしていること、我と汝とが一緒になれないこと、そしてその結果生じた知性の本質的な無力性といったことである。しかし、問題は、これらの一つひとつの事柄ではなく、「神話的な一切の記憶」から解放された「世界の終わり」という事態である。それは「人間の運命の一契機」を表現しており、「特権的な教訓」をもたらす。それでは、この教訓とは何か。

レヴィナスにとっては、われわれと世界との関係が終わったからといって、すべてが終わるわけではない。しかし、死や純粋自我が残ると考えてはならない。残るのは、「存在の匿名の事実(fait anonyme de l'être)」である。すなわち、実存の事実そのものである。それゆえ、実存と世界内存在とはイコールではない。「世界との関係は、実存と同義ではない。それは世界に先行する。世界の終わりという状況において、われわれを存在に結びつける本源的な関係が立てられる」[3]。ただし、関係という語には注意が必要である。通常、それは複数の項や実詞を前提とし、それらの間での関係を指すからである。しかし、ここでの関係は「類比(analogie)」によるそれである。「というのも、世界の消滅によって、われわれが注意を向けるようになる存在は、人格でも事物でも、人格や事物の全体でもないからである。それは、ひとが存在するという事実、ある(il y a)という事実なのである。存在するひとや存在するものは、ドラマに先立って、幕の上がる前になされる決意によって、自分の実存との交渉に入るわけではない。存在するひと、あるいは存在するものは、まさしく既に実存しているというそのことによって、この実存を引き受けるのである」[4]。

レヴィナスが「世界の終わり」において見たものとは、われわれと存在との本源的な関係としての実存者と実存との結びつきであり、既に実存しているという事実、すなわち、実存者による実存の引け受けである。この事実は、世界との関係に先立つ。それゆえ、たとえ世界との関係が終わったとしても、消えることはない。今問題は、この引き受けにおいて何が起こっているかということである。しかし、これは簡単な問いではない。既にディディエ・フランクが指摘しているように、これを問うためには実存者と実存との間にズレや裂け目がなければならない[5]。実は、このズレや裂け目が「疲労(fatigue)」であり、「怠惰(paresse)」なのである。逆に言うと、「疲労」や「怠惰」において、実存者と実存との本源的な結びつきという出来事の記述の可能性が生まれる。そして、これが出来事としての「瞬間（instant）」の問題である。というのも、「瞬間」とは「純粋な行為のうちで、存在するという純粋な動詞のうちで、存在一般のうちで、存在者が、すなわち存在の主人となる実詞が定位される出来事そのもの」だからである。

もう少しだけ、この実存者と実存との存在論的差異の問題にこだわってみよう。レヴィナス自身が述べているように、「存在それ自体」と、何らかの存在者、「個体、類、集団、神といった実詞で示される存在者」とは区別される。「世界の終わり」というモチーフがこの存在それ自体の解明へと、すなわち、実存の働きそのものの解明へと向けられていたことは、改めて言うまでもない。しかし、改めて問うが、存在が常に存在者の存在である時、存在者と存在とを区別して、そこから存在の純粋な働きを取り出すことは本当に可能なのだろうか。レヴィナスの用語で言い換えれば、実詞あるいは名詞としての実存者と動詞的な意味での行為あるいは出来事としての実存とを分離して、そこに両者の差異そのものを見ることは本当に可能なのだろうか。この課題は、単に存在と存在者との存在論的差異を言うだけではなく、それをさらに遡って、差異そのものを基礎づけることを意味する。レヴィナスは次のように答える。「実存と実存者との二元性はなるほど逆説的である。というのも、実存するものはそれが既に実存しているのでなければ、何ものも征服することができないからである。しかし、この『二元性』の真理、この征服の実行は、そこで実存の実存者への密着が裂け目として現れる人間の実存のある種の契機によって証示される」(6)。それでは、この「人間の実存のある種の契機」とは何か。それが先に簡単に触れた、疲労や怠惰や倦怠なのである。それゆえ、疲労や怠惰がもつ意味はきわめて重要である。

それにしても、「世界の終わり」に関する問題をこのように存在論的差異のそれに還元することは正しい解釈なのだろうか。もちろん、そうではない。それには別の意味もある。レヴィナスは、一九四六年に発表された「すべては空しいか」において、これとは異なる仕方で「世界の終わり」について語っている。そこではむしろ、その言葉の「神話的記憶」にまみれた使い方が問題になっている。すなわち、ヒトラー主義であり、歴史の終焉であり、期待としての「世界の終わり」である。ヒトラーが現われ、戦争が始まり、世界は終わるはずであった。歴史も終わるはずであった。しかし、「世界の終わり」は一向に到来しない。それはすぐに失望に変わる。戦争の前も後も一向に変わらない。歴史も世界も続く。ユダヤ人の大虐殺があっても、世界は変わらない。「戦前の自分たちの生活を織りなしていたいくつかの事物を幸運にもふたたび見いだした者たち、彼らが最初に味わった失望は、おそらく、これらの事物が昔通りのなじみ深い姿で存在しているのをふたたび見いだしたことだった。あるいは、最初の失望は世界の終末が訪れなかったことを確認したときにすでに芽生えていたのかもしれない」(7)。

結局、レヴィナスが「世界の終わり」において見出したものは、終わりの不可能性という事態である。それでは、終わらないものとは何か。それは存在しているというあの行為あるいは出来事としての純粋な事実である。しかし、ここにあるのは、存在の欠如あるいは無としての悪ではなく、むしろ存在の積極性そのものにおいてある悪である。レヴィナスが「世界の終わり」において問題にしたのは、あの差異の基礎づけのそれだけではなく、より根本的には、この存在することの悪からの脱出、すなわち実存者を善へと導く運動なのである。そして、ここには、もう一つの問題がある。身体の問題である。次に第二節、第三節において、「疲労」と「睡眠」の問題を取り上げながら、それを見てみよう。

二

既に述べたように、怠惰や疲労は実存と実存者との結びつきにおいて、重大な意味をもつ。というのも、この結びつきにズレや裂け目が生じるのは、人間の実存のこれらの契機によってだからである。序論において、レヴィナスは既に次のように述べていた。「自我とその実存との間の関係への関心、引き受けなければならない重荷としての実存の現われは、哲学的分析が通常心理学に委ねてきたある種の状況、われわれが取り組もうとしている疲労と怠惰という状況において、とりわけ際立ったものとなる(8)」。したがって、この節におけるわれわれの当面の課題は、「実存の実存者への密着の具体的な形態」のうちに、疲労や怠惰を正確に位置づけることである。なぜなら、そこには既に、実存者と実存との分離が現われているからである。

実存者による実存の引き受けにおいて何が起こっているのか。別の言い方をすれば、実存における実存者の「誕生（naissance）」において何が起こっているのか。レヴィナスは、「倦怠（lassitude）」の分析から始める。倦怠とは自分のことも含めてあらゆる事柄に無気力になることであるが、正しくはこうした無気力や怠さは実存そのものに向けられたものである。つまり、それは自分の実存そのものに対する倦怠なのである。自分が実存することが怠いのである。しかし、この倦怠感は、ひどくなればなるほど、逆に、自分の実存との逃げられない関係を教える。それは、実存者と実存とのいかなる仕方でも「解約できない契約」の義務を明るみに出す。だからこそ、倦怠における実存にあっては、「何かをしなければならない」に追い立てられることになる。しかし、何もする気にならないし、何もできない。しかも、この「しなければならない」は自分の実存そのものから、すなわち、実存者と実存との契約から生じているのであるから、無気力や怠さから逃れようとするならば、実存そのものから逃走するしかない。

結局、倦怠とは実存することの拒絶、ただし不可能な拒絶を意味する。しかし、この拒絶や逃走が失敗に終わるとしても、そこには実存者がそれによって実存との特別な関係を作り上げる運動が認められる。このような倦怠が遂行する実存することの拒絶としての運動こそ、実存者と実存との関係に裂け目を作るのである。

今度は怠惰の問題である。怠惰は何もしないことや休息ではない。疲労の場合と同様に、そこには「行為に対する一つの態度」が認められる。「怠惰は本質的に行為の開始、席を立つ、立ち上がるといった行為の開始に結びついている」(9)。ただし、この行為の開始には注意が必要である。怠惰における開始の場合は、そこにまず怠けることが入ることに注意しなければならない。それゆえ、怠惰とは行為の開始の不可能性とも、行為の開始の遂行とも言える。これはしかし、奇妙な事態である。始めてもいいし、始めなくてもよいとはどういうことか。実際に行為が始まるためには、始まりが単に存在するだけでは十分ではない。そこに自分自身の所有がなければならない。レヴィナスは次のように言う。「開始は単に存在するというだけではなく、開始は自分自身への回帰において自己自身を所有する。行為の運動は目的へと向かうと同時に出発点へと方向を変え、そのことによってこの運動は存在すると同時に自己を所有する」[10]。したがって、真に開始があるためには、このように存在と所有の二つが必要なのである。それは例えば、自我が存在するためには、一つの自己を所有し、その自己との間に「内密性」と言われる関係を必要としているのと同様である。人は単に存在するのではなく、自己を存在するのである。しかし、怠惰においてはこれが欠けている。結局、始まりは遂に訪れないのである。

要するに、怠惰とは、先の倦怠の場合と同様に、自己の実存の引き受けに対して怠けることである。すなわち、企てること、所有すること、従事することの拒絶である。それは重荷としての実存への嫌悪なのである。疲労との対比で言えば、「実存の実行そのものにおいて実存を忌避する疲労を捉えるもの、疲労がもみ合いながら無力にも拒もうとするもの、それを怠惰はもみ合い（corps à corps）を拒絶しながら、拒絶する」[11]。疲労が「もみ合い」の中にあるのに対して、怠惰は「もみ合い」そのものを拒否する。結論だけを言えば、怠惰とは結局、未来に疲れることなのである。

もう一つ残っている。疲労の問題である。倦怠や怠惰において既に明らかなように、疲労もまた実存そのものとの関係において生じる。先に結論から言えば、レヴィナスにとって疲労とは、存在することに疲れることである。しかし、この存在することの疲労とはどういうことか。

疲労と言った時、われわれが思い浮かべるものとは何だろうか。おそらく、身体の疲れではないだろうか。しかし、それは心理学者や生理学者の取り扱う疲労であり、硬直や麻痺や委縮といった筋肉の疲れである。それに対してレヴィナスの言う疲労は、身体のそれであっても、哲学者が課題とする存在論的な意味での疲労である。その課題とは何か。それは、「疲労の瞬間に身を置き、その疲労の出来事を発見する」ことである。問題は、この「疲労の瞬間」である。「疲労の瞬間がその遂行である秘密の出来事」である。しかも、この出来事としての瞬間の解明という課題には、『実存から実存者へ』の研究全体にとって、大きな意味がこめられている。すなわち、そこにはレヴィナスによって採用された方法の本質的な原理である、独自の「弁証法」の探究という意味がこめられているのである。

疲労の根本的な特徴は、存在のそれ自身に対するズレである。レヴィナスのあげている例では、私の手が今必死で何かをつかんでいる。しかし、その重荷に耐えかねて、私の手はそれからはなれつつある。それでも、依然として私の手がつかみ続けようとする瞬間そのものにおいて、私の手からそれがはなれてゆく。その時、一体何が起こっているのか。レヴィナスによれば、この時起こっている事態とは、「手が依然としてしがみついているものに対する存在のズレ」、すなわち、存在のそれ自身に対するズレということである。要するに、つかむこととはなれることとが同時に起こる瞬間に、手は手自身から擦れていくのである。それでは、この時疲労はどこにあるのか。疲労は依然としてつかみ続けている手にあるとともに、はなれてゆく重荷になおも執着する手にもある。結局のところ、疲労は努力や労働においてである。

しかし、疲労の瞬間が努力の瞬間だとしても、ここにはもっと深い意味がある。それをレヴィナスは「飛躍（élan）」との関連において示す。すなわち、「疲労は、自己自身と現在とに対する先駆けにおいて、先回りすることで現在を燃やしてしまう飛躍の脱自において、自己と現在に対する遅れを表明している」[12]。それゆえ、努力もまた現在に対する遅れにおける現在の努力である。すなわち、遅れがあるがゆえに、努力があるのである。それゆえ、この遅れ、つまり現在の現在自身に対するズレこそが疲労ということになる。努力はここから生まれ、ここで終わる。

もう少し、努力と疲労との関係を見てみよう。飛躍と努力との違いは、前者が未来の瞬間へと向かうのに対して、後者は現在の瞬間に拘束され、そこから逃れられない点にある。しかし、努力のこのような現在の瞬間への拘束において、疲労は努力とどのような関係にあるのか。これを明らかにするためには、「努力の瞬間とその内的弁証法」から出発しなければならない。

それにしても、なぜ努力の瞬間が問題なのか。ベルクソンが「純粋持続」のモデルにしたメロディーを例にとると、メロディーの場合、その瞬間瞬間には意味はない。瞬間瞬間は持続において本質的に結びつき、そのことにおいて生命をもつ。要するに、メロディーにおいては、瞬間は存在しない。そこには持続があるのみである。それに対して、努力は持続のなかにはない。努力は瞬間においてある。メロディーの瞬間瞬間は死ぬしかないが、努力の持続は反対に全体として停止からなり、努力は自分が成し遂げつつある働きを一歩一歩辿るのである。要するに、「努力は持続において、時間の糸を切断しては結び直ししながら、瞬間を引き受ける」(13)。これはどういうことか。努力は自分がなしつつある働きを自分で受け取るという仕方で初めて実存する。努力は瞬間瞬間において自分の働きを自分で受け取りながら、持続を生きる。それゆえ、努力とは瞬間なのである。しかし、努力の瞬間において、そこに連続ではなく、立ち止まりが、すなわち停止や休止がなければ、こうしたことは可能ではない。つまり、瞬間において自己への到来がなければならない。この自己への到来において努力は自分の働きを所有することで初めて存在する。これが瞬間の成就である。レヴィナスは次のように言う。「実存の匿名の流れの只中に、停止と休止がある。努力とは瞬間の達成そのものである[14]」。

以上のことを、実存と実存者との関係という観点から考えると、次のようになる。努力は実存の匿名の流れのなかで、その立ち止まりにおいて実存を引き受けることで、瞬間として誕生する。この実存を引き受けるという意味では、努力は自由ではなく従属であるが、他方瞬間としての努力は実存における実存者の誕生という意味で主体の構成そのものである。そして、これを可能にしているのが疲労なのである。というのも、疲労とはこの努力の瞬間において自分自身の働きを自分で受け取ることを可能にするズレ、自分に遅れることによるズレを作り出しているからである。努力が成し遂げる瞬間において、そこに既に疲労が現われている。だからこそ、実存と実存者との間に一つの関係の分節化が可能になる隔たりが生じる。疲労はこの隔たりをもたらす努力の自己自身に対するズレであり、裂け目である。レヴィナスの表現では、自我（moi）の自己（soi）に対する脱臼である。

レヴィナスは次のように言う。「疲れるとは存在することに疲れることである。それはどんな解釈よりも以前に、疲労の具体的な全体によってそうなのである。疲労は、その単純さ、そのまとまり、その曖昧さにおいて、実存者によってもたらされる、実存することへの遅れのようなものである。そして、この遅れが現在を構成する。実存は、実存におけるこの隔たりのおかげで、一つの実存者と実存そのものとの関係なのである。疲労は実存における実存者の出現である。逆に言えば、それ自身に遅れる現在というほとんど自己矛盾したこの契機は、疲労以外のものではありえないだろう。疲労が現在に伴うのではなく、疲労が現在を成就するのである。この遅れ、それが疲労である。ここで、瞬間における実存の引き受けは直接的に感じられるものとなる」[15]。

レヴィナスの戦後の出発にあたって、怠惰や疲労のもつ意味の重要性については既に明らかであろう。しかし、この実存における実存者の誕生という問題は、これで終わりというわけではない。それは実詞化、すなわち「イポスターズ」という概念によって更に展開されるが、ここでわれわれは睡眠の問題へと移り、それから戦前のレヴィナスに遡ることにしよう。というのも、ここまであまり表面に現われなかった、もう一つの重要な問題、身体のそれがこの睡眠において取り上げられることになるが、それは既に二つのエッセイにおいて存在の問題とともに中心にあったものだからである。

三

「睡眠」の問題は、実存者なき実存においていかにして実存者が誕生するかという問題が取り上げられる「イポスターズ（hypostase）」の章の初めのところで論じられる。しかし、それは既に疲労のところでも何度か言及されていた。要約すると、それは、疲労における存在のそれ自身に対するズレが意識の出現と、眠りと無意識による存在の中断とを可能にしているという指摘である。レヴィナスにおける睡眠の問題とは、この事態を明確にすることにある。

眠りは不眠との関係において取り上げられるが、レヴィナスはそれを夜の経験の記述から始める。今何もすることがなく、夜なべをする理由など何もないにもかかわらず、夜通し起きている。このとき、何が起こっているのか。「現前という裸の事実が、ひとは存在の義務がある、存在する義務があると、重くのしかかってくる[16]」。夜の闇の中で、ひとは対象や内容から離れ、ただ不眠に耐えているとき、無の背後からこの現前が、すなわち匿名の実存が浮かび上がってくる。これが、事物も意識も包み込む、実存者なき実存としての「ある」、すなわち「イリヤ（il y a）」である。このとき、目覚めているのは誰なのか。イリヤは「注意」によっては捉えられない。注意は自我を前提とし、対象に向けられたものだからである。イリヤにおいては、「警戒（vigilance）」だけがある。しかし、警戒には主体はない。したがって、目覚めているのは誰かではなく、存在の普遍的事実としてのイリヤである。不眠もまたこのイリヤの不眠なのである。ここには、私の目覚めも私の不眠もない。それでは、イリヤの不眠と意識との関係はどうなるのか。あるいは、睡眠はどこからやってくるのか。

この問いに答えるためには、「意識」の定義を変えなければならない。レヴィナスの言う意識は、消失と睡眠と無意識の能力をもつことで、この匿名の存在の流れを中断することができる。すなわち、イリヤの不眠を切断して、存在から逃れて自分の中にひきこもることができる。しかし、注意すべきは、こうした意識の能力は意識が自分から獲得したものではないという点である。それは与えられたものなのである。言うまでもなく、それが与えられたのは、匿名の実存から、イリヤからである。もっと厳密な言い方をすれば、疲労における存在のそれ自身に対するズレからである。このズレによって、この裂け目によって、イリヤにおいて意識が出現する。

夜の経験、すなわち不眠の経験が教えているのは、眠りの不可能性としてのイリヤであるが、そこに突然眠りが訪れる。すなわち、無意識に後退する能力、眠る能力としての意識の出現である。ここでようやく眠ることができる。したがって、存在の中断としての疲労の瞬間の誕生が生じるためには、不眠の休止があるためには、主体の「定位（position）」が必要なのである。それでは、主体の到来は何において成立するのか。結論から言えば、身体においてである。正確には、身体の「ここ（ici）」においてである。レヴィナスはここでデカルトが思惟を実体と、すなわち「自己を措定する何ものか」とみなした点に注目する。われわれが何をどう考えようが、「自己を措定する何ものか」として「ここ」から逃れられない。この「ここ」とは空間を前提としない「局所化」である。

ここで、「ここ」と「局所化」をめぐる身体の問題を明らかにするために、もう一度睡眠に戻ってみよう。レヴィナスによれば、眠るとは心理的身体的活動の中断である。しかし、中断には「場所」が必要である。寝る場所、すなわち横になる場所が必要である。寝るとは、横になるとはどういうことか。それは「実存を場所に、位置に限定することである」。それでは、「場所」とは何か。それは「土台」であり、「条件」である。言うまでもなく、この「場所」が身体である。眠りはこの「場所」において起こる。それは、「土台」としての、「条件」としての「場所」という身体の「定位」を教える。それゆえ、位置を定めることの反対は、主体の破壊であり、イポスターズの崩壊である。眠りは存在の破壊ではない。存在は眠りにおいて破壊されることなく、中断されるのである。重要なのは、「土台」、「条件」、「避難所」としての身体の「ここ」が、すべての了解の始まりであり、時間と空間の始まりである点である。

それでは、身体とは何か。それは意識の到来そのものである。それゆえ、身体とは、自己を措定するというのではなく、それ自体「ポジション」なのである。言い換えれば、絶対的な「ここ」なのである。レヴィナスが身体を実存者なき実存における主体の誕生の出来事として捉えるのは、身体を「ポジション」そのものとしてみなすことと同じ事態なのである。レヴィナスは次のように言う。「身体はその定位によって、あらゆる内面性の条件を達成する。身体は出来事を表現しているのではなく、それ自身がこの出来事なのである(17)」。

われわれは睡眠の存在論的意味の解明において、ようやく身体の問題に辿り着いた。しかし、それは怠惰や疲労において既に垣間見られていたものである。実存と実存者との結びつき、すなわち「イポスターズ」の根本にあるのは、出来事としての身体の問題であった。しかし、それは戦前のレヴィナスにおいて既に問題だったのではないか。存在の問題とともに、それを二つのエッセイにおいて検討してみよう。

四

「ヒトラー主義哲学に関する若干の考察」は、ほとんど取り上げられることのない作品である。しかし、ここには、レヴィナスの戦後の出発点を考えるうえで無視できない問題が秘められている。キーワードは、「鎖でつながれてあること (enchaînement)」である。レヴィナスによれば、ヒトラーの哲学は、稚拙であり、取るに足らないものである。しかし、それだけであれば、あえて取り上げるまでもない。ヒトラーの哲学には何かがある。それは、「基礎的諸感情の覚醒（réveil des sentiments élémentaires）」である。問題はこの「基礎的諸感情」にある。なぜそれが問題なのか。そこに一つの哲学が隠されているからである。レヴィナスは、この基礎的諸感情が表わしているものを、「現実の総体と自分自身の運命とに直面したときに取る、魂の最初の態度」であると言う。また、これらの感情は世界における今後の魂の冒険を予見させるものである。したがって、ヒトラー主義の哲学とヒトラー主義者の哲学とは異なる。後者は取るに足らないものであるにしても、前者のヒトラー主義の哲学はヨーロッパ文明のさまざまな原理そのものを疑問に付すという意味で、哲学的な関心の対象になる。以上が、レヴィナスがヒトラー主義を取り上げる理由である。

それにしても、ここで問題になっている「基礎的諸感情」とは何か。レヴィナスは、それについて、一九三四年以降の世界の運命を予見していたかのように語っている。実はこの感情とは、身体の諸感情にほかならない。しかし、それについて述べる前に、触れておくべきことがある。問題が基礎的諸感情にあるのだから、ヒトラー主義に対して、さまざまな思想的潮流、例えば自由主義、キリスト教的普遍主義、マルクス主義などを対置し、そこに対立や相克を見たからといって、何ら問題の解決にはならない。というのも、ヒトラー主義の哲学が基礎的諸感情の覚醒にある以上、対立の源泉にまで遡って、問題の所在を明らかにする必要があるからである。その意味で、このエッセイにおいて、レヴィナスはヒトラーの哲学との根本的な対決を試みたと言える。

ただ、マルクス主義については、少し注意が必要である。レヴィナスの考えるマルクス主義は、「ヨーロッパ文化の調和的発展曲線」を破壊したという点で例外的に扱われる。しかし、それにもかかわらず、マルクス主義はあの「基礎的諸感情」の根本を取り逃がしている。なぜなら、レヴィナスから見ると、「鎖でつながれてあること」の把握に関して不十分だったからである。マルクス主義は確かに「精神を一定の状況に対する避けがたい関係において見る」が、この連鎖は何ら根本的なものではない。精神は依然として自由でありつづける。レヴィナスは次のように言う。「ヨーロッパ的な人間観と真に対立する考え方が可能になるのは、人間を縛りつけている状況が人間に付け加えられるというのではなく、その存在の根本そのものをなしている場合だけである。逆説的要求だが、われわれの身体の経験がそれを実現するように思われる(18)」。

決定的な一節である。人間の存在そのものにおいて「鎖でつながれてあること」を明らかにすること、レヴィナスがヒトラー主義に見たのは、この課題にほかならない。この意味で、ヒトラーの思想は危険で恐ろしいのである。したがって、「基礎的諸感情」の根底にまで遡って、つまり身体の感情にまで遡って、ヒトラーの哲学の「血と人種の論理」と対決することが、このエッセイの課題となる。戦いは既に始まっていたのである。戦いの場所は、言うまでもなく、身体である。精神と身体との二元論はもはや問題ではない。身体と自我との「同一性の感情 (sentiment d'identité)」が問題なのである。レヴィナスは「基礎的諸感情」において問題になっている場所を正しく次のように指摘する。「われわれは、自我が成熟し、自己を身体から区別するようになるまさにそれ以前に、自分の身体のこの唯一無二の熱の中で自分自身を確立しているのではないだろうか。まさに知性の開花以前に、血が確立したこれらの絆はどんな試練にも耐えるのではないだろうか[19]」。身体における自己性の問題とは、先ほど疲労と睡眠において見た事態とまるで同じである。ただここには、「イポスターズ」の問題がないだけである。

結局、レヴィナスは、自我と身体との「同一性の感情」に、「鎖でつながれてあること」を見る。身体の自我への密着はそれ自身で価値があるのであり、その密着からは決して逃れることができない。精神の本質は、身体へのこの連鎖のうちにある。身体に鎖でつながれることによって、むしろ精神は精神として存在するのである。したがって、人間の本質はもはや自由にあるのではなく、一種の鎖による束縛のうちにある。また、自己自身であることとは、身体への本源的な不可避の連鎖であり、そうした鎖でつながれてあることとの受容なのである。ここからレヴィナスは自由な意志の合意に基づく近代社会の虚偽性について指摘する。レヴィナスの考える社会とは、むしろ鎖としての身体による結合に基づく社会であるが、これもまた戦後の課題として引き継がれることになる。また、ここには、もう一つ重要な問題、「普遍性の観念」の根本的な変更の問題が残っている。レヴィナスは次のように言う。「普遍性の観念そのものは、拡張の観念に席を譲らなければならない。というのも、力の拡張は観念の伝播とはまったく異なる構造を呈するからである[20]」。どう違うのか。

観念の伝播においては、誰がその創始者であるかは問題ではない。観念は本質的に匿名のものであり、それをもたらす者も受容する者も等しく「主人（maître）」である。「観念の伝播はこうして、『主人たち』の共同体を創りあげる。それは平等化の過程である。改宗であれ、説得であれ、それは同類（pairs）を創り出す。西洋社会における秩序の普遍性は、常にこのような真理の普遍性を反映している[21]」。これに対して、力の伝わり方は観念のそれとは根本的に異なる。力を行使する者とそれを被る者とはもはや平等ではなく、彼らは主人と奴隷との関係に置かれる。支配と被支配との関係、征服者と被征服者との関係に置かれる。「力はそれを行使する人格や社会に結びついており、残りの者たちを自分たちに従属させることによってそれらを拡大してゆく。この場合、普遍的秩序はイデオロギー的拡張の必然的帰結として確立されるのではない。普遍的秩序とは、主人と奴隷の世界の統一を構成する拡張そのものなのである(22)」。ここから、征服と戦争という「力の普遍化の固有の形式」に言及することは、それほど難しいことではない。しかし、問題は、力の普遍性を支えるものとしての身体であり、身体の感情である。とりわけ重要なのは、レヴィナスが既にこの時点で、力の普遍性に基づいて普遍性の概念の根本的変更を考えていたことである。普遍性の概念を身体及び力において定義し直した点である。

ヒトラー主義の哲学とはもはや単なる稚拙な哲学などではない。それは観念の伝播に基づく「真理の普遍性」の哲学ではなく、「普遍性の観念そのものの根本的変更」を迫る、力の伝播と拡張に基づく身体及び身体の感情の哲学なのである。したがって、それに対抗するためには、同じように、力と身体の経験にまで降りて、そこで改めて「人間の人間性」を問い直す必要がある。

五

最後に「逃走について」というエッセイを取り上げて、本章を終わることにしよう。この奇妙なタイトルをもつエッセイは、一九三五年に発表されたものであるが、第一次世界大戦とその戦後の世界を念頭において書かれている。それにしても、なぜ「逃走あるいは脱走（évasion）」なのか。この語自体は、当時の文学批評からの借用である。「逃走」はこの時代の「奇妙な不安」を表わしている。それはまた、「われわれの世代による存在の哲学に対する最も根本的な否認」でもある。どういうことか。レヴィナスはそこに「世紀の悪」を見る。「近代の生においてこの悪は現われるが、その生の状況のすべてのリストを作り上げるのは容易ではない。これらの状況は、誰にも生の余白が残されず、誰も自己から離れる能力をもたないような時代に生じた」(23)。戦争の時代にあって、しかも「総力戦」の時代にあって、誰もが無傷では済まない「動員可能な者」としてあるとき、人々は何にすがるのか。「存在がある（il y a de l'être）」という基礎的真理にである。ここで実存は時間から抜け出し、絶対的なものの言葉にならない味わいを手に入れる。

レヴィナスは次のように言う。「それゆえ、こうした存在の経験の全体において重要なのは、われわれの実存のある新しい性格の発見ではなく、われわれの実存の事実そのもの、われわれの現前の終身性そのものである」(24)。しかし、このわれわれの実存の事実そのものの経験、「存在は存在する」という経験は、なるほど絶対者の香りをもつものであろうが、同時はそれは「一つの反抗の経験」を喚起する。この反抗は、存在に対する反抗、正確には「存在がある」という事実そのものに対する反抗である。しかし、それは何によって戦われるのか。それは自我ではない。レヴィナスが言うように、第一次世界大戦における戦争と戦後において思い知らされたのは、自我の無力さであった。それでは、何が反抗を支えるのか。身体である。身体の欲求である。存在からの逃走の欲求が、この反抗の支えなのである。レヴィナスが「逃走・脱走」という語にこめた意味はここにある。

「逃走」とは何か。それは、もとよりロマン主義者たちのそれではないし、ベルクソンのエラン・ヴィタールでも創造的生成でもない。レヴィナスから見ると、ベルクソンはまだ存在の刻印を残しているからである。それに対して、レヴィナスの言う、存在からの脱出としての逃走は一切の目的地をもたない、どこへも行かない、存在そのものからの逃走なのである。この類例のない脱出の試みに対して、レヴィナスは、「超越」から区別して、「外越（excendance）」という造語をもって表現する。したがって、問題はこの「外越」の欲求としての逃走の欲求である。この欲求の元になっているのは、先にわれわれが実存と実存者との関係において問題にした、実存の二元性である。実存とは、他の何ものとも関わることなしに、それ自身において成立する一つの絶対者である。しかし、そこには自己自身との同一性という、実存と自己自身との二元性がある。この二元性が、ここでのレヴィナスの出発点である。「自我の同一性において、存在の同一性はその鎖でつなぐという本性を示す。というのも、存在の同一性はこの自我の同一性において、苦しみの形で現われ、逃走へと誘うからである[25]」。したがって、逃走は自己自身からの脱出への欲求であり、「最も根本的で最も容赦のない連鎖」の破壊、「自我が自己自身であるという事実」の破壊なのである。しかし、自我が自己の鎖を断ち切って、自分自身から脱出することは可能なのだろうか。

まず「欲求（besoin）」の定義の変更が必要である。レヴィナスの言う欲求は、欠如を意味しない。欲求は存在を求めるのだが、それは欠如を補うためではない。そうではなく、欲求は「既に逃走として示されている存在するという事実の純粋性」を求めるのである。その際手がかりになるのは、実存するという事実、すなわち「自己を措定する」という事実の内的構造についての分析である。当然その課題は、この構造のうちに既に逃走が入り込んでいることの解明ということになる。

しかし、ここでは、残念ながら、紙幅の関係上、欲求の分析の仔細については省略し、概略だけを示すことにする。身体の感情としての欲求の分析が取り上げるものは、「不快」「快楽」「羞恥」、そして不快感の本性の現われとしての「吐き気」である。このなかで特に重要なのが、「吐き気」の分析であるが、その結果、欲求の根底には存在の欠如ではなく、存在の充実を、しかも自分自身にとっての重荷が見出されることになる。取り上げられた欲求のすべては、いずれも、「自己を措定する」という事実において既に脱臼が、ズレが、裂け目が生じているということを示している。自我と自己との関係には亀裂が生じている。一連の身体の感情の分析はそのことを明らかにした。言うまでもなく、存在からの逃走の道はそこにある。しかし、ここではまだ、『実存から実存者へ』の戦後のレヴィナスが行なった「イポスターズ」の分析はない。それゆえ、逃走の線がはっきりと描かれたとは言い難い。しかし、「ヒトラー主義哲学に関する若干の考察」にせよ、この「逃走について」にせよ、「戦争と征服」の論理を乗り越えるための、存在の悪を乗り越え、存在の彼方の善へと向かおうとするレヴィナスの戦いが既に始まっていたことは明らかであろう。戦争と捕虜と生活の苦難の中で、「世紀の悪」との戦いの記録がこうしてわれわれに残されることになったのである。

それは事象の根本に遡り、そこから問題の本質そのものを抉り出すという仕方での戦いであった。その意味で、『実存から実存者へ』という作品は、哲学的言語で書かれた、レヴィナスの「ある戦いの記録」にふさわしい。

註

（1）レヴィナスにおいて疲労や睡眠の問題を主題的に扱ったものは決して多くはない。本章の問題意識とは異なるが、以下の論文はそのなかでも貴重な論考の一つである。Jean-Louis Chrétien, Emmanuel Lévinas et la fatigue, in *De la fatigue*, Editions de Minuit, 1996.

（2）Emmanuel Lévinas, *De l'existence à l'existant*, J. Vrin, 1981, p. 25.

（3）*Ibid.*, p. 26.

（4）*Ibid.*

（5）Didier Franck, le corps de la différence, in *Dramatique des phénomènes*, PUF, 2001.

（6）E. Lévinas, *op. cit.*, p. 27.

（7）Emmanuel Lévinas, Tout est-il vanité?, in *Les Cahier de l'Alliance israélite Universelle*, n° 9, juillet, 1946. 合田正人編・訳『レヴィナス・コレクション』ちくま学芸文庫、一九九九年、二〇七頁。

（8）E. Lévinas, *De l'existence à l'existant*, p. 6.

（9）*Ibid.*, p. 33.

（10）*Ibid.*, pp. 35-36.

（11）*Ibid.*, p. 39.

（12）*Ibid.*, p. 44.

（13）*Ibid.*, p. 48.

(14) *Ibid.*

(15) *Ibid.*, p. 51.

(16) *Ibid.*, p. 109.

(17) *Ibid.*, p. 124.

(18) Emmanuel Lévinas, Quelques réfléxions sur la philosophie de l'hitlérisme, in *Les imprévues de l'histoire*, Fata Morgana, 1994, p. 35.

(19) *Ibid.*, p. 36.

(20) *Ibid.*, p. 40.

(21) *Ibid.*, p. 41.

(22) *Ibid.*

(23) Emmanuel Lévinas, *De l'évasion*, Fata Morgana, 1982, p. 70.

(24) *Ibid.*, p. 70.

(25) *Ibid.*, p. 73.

第4章　存在からの脱出と身体の諸感情

　戦争と戦後は、レヴィナスに何をもたらしたか。ただし、ここでの戦争や戦後は、最初の世界大戦、すなわち、一九一四年から一九一八年のいわゆる第一次世界大戦のことであり、戦後とは言うまでもなくこの戦争の後の時代のことである。レヴィナスにおいて、第二次世界大戦ではなく、なぜこの戦争と戦後が問題になるのか。

　レヴィナスは一九三五年の論文において次のように言う。「戦争と戦後がわれわれに知らしめた自我の存在は、もはやわれわれにいかなる遊びの余地も残さない。それに打ち勝とうとする欲求は、逃走の欲求以外ありえない(1)」。改めて言うまでもなく、この場合の「戦争」と「戦後」は、第一次世界大戦のそれである。この文章には、二つの注意すべき点が含まれている。一つは「自我の存在」であり、もう一つは「逃走の欲求 (besoin d'évasion)」である。なぜ、これら二つの語、「自我の存在」と「逃走の欲求」とが結びつくのか。レヴィナスは「逃走」という言い方で何を考えているのか。レヴィナスはまた、同じくこの

「逃走について」と題された論文の終わり近くで、次のように言う。「存在を、存在が孕む悲劇的絶望を、そして存在が正当化する数々の犯罪を受け入れるどんな文明も、野蛮の名に値する」[2]。ここでは、存在と野蛮とが結びつけられているが、それはどうしてなのか。なぜ、存在を許容する文明が野蛮の名の下に咎められるのか。われわれはここで、これらの二つの問題を手がかりにして、レヴィナスにおけるあの戦争と戦後のもつ意味について探ってみたい。

本章の狙いは、以下の通りである。レヴィナスの思想にしめる、この一九三五年の論文、「逃走について」のもつ重要性については、既にいくつか指摘がある。例えば、ディディエ・フランクは、この論文において、表題ともなった「逃走」の概念が「別の仕方での根元的運動」である「存在と存在の真理からの脱出」にほかならないことを指摘し、「外越（excendance）」という新語とともに「存在からの脱出」という主題が現われたという点に注目している[3]。ただし、ここで「外越の跳躍台」の記述がなされたかどうかは別問題である。フランクによれば、理由は二つある。一つは「実存者が実存と契約を結ぶ運動はその実存者が実存から逃走する運動に先行している」からであり、もう一つは「外越の跳躍台」の記述は「実存における実存者の定位」のそれにほかならないからである[4]。その意味では、これらの課題は一九四七年に出版された『実存から実存者へ』において担われることになるのだが、それでは戦争と戦後を代表する作品である「逃走について」において、こうした「存在からの脱出」の道は何ら記述されることはなかったのであろうか。もちろん、そうではない。一九三五年の論文には、別の意味での脱出への道の模索があったのである。それは身体の諸感情の分析を通じてであり、そこにわれわれはあの「戦争と戦後」の意義を認めることができる。この点を明らかにすることがわれわれのここでの狙いである。

一

「戦争と戦後」の問題は、何もレヴィナスに限ったことではない。同時代の人々はそれぞれの仕方でこの未知の事態を受け取めたはずである。しかし、レヴィナスの「自我の存在と逃走」、すなわち、フランクの表現を借りれば、「存在と存在の真理からの脱出」というテーマは特異なもののように見える。

例えば、『実存から実存者へ』を誰よりも早く「書評論文」で取り上げ、この作品の重要性について論じたバタイユは、一九三三年に発表された「消費の概念」において、エコノミーの概念に狙いを定め、「非生産的消費（dépense improductive）」という既存の経済学では取り扱うことのできない問題を取り上げる。バタイユはまず「有用という語」を批判の俎上にのせ、有用性の概念の検討を行ない、「生産と保存の諸々の基本的必要性」がわれわれの社会的活動の根底にあることを明らかにする。「普遍経済論」の言い方に倣えば、既存の限定的な経済学はもちろんこうした「生産と保存」の原理に基づいて成立する。いわゆる生産中心主義である。そうなると、消費の問題はどうなるのか。消費は生命の維持や生産活動の継続のために行なわれることになる。いわゆる「生産的消費（dépense productive）」である。しかし、消費はこれに尽きるわけではない。したがって、問題は、これら二つの消費概念の区別である。バタイユは次のように言う。「人間の活動はすべて生産と保存の諸過程に還元されてしまうというわけではなく、消費

(consommation)もはっきりと区別される二つの部分に分割されるべきである。第一の部分は、〔生産と保存に〕還元できるものであり、特定の社会の個人個人にとって、生命の維持と生産活動の持続に必要とされる最小限の使用によるものである。それゆえ、ここで問題となるのは、生産活動の基礎的条件のみである。第二の部分は、いわゆる非生産的消費によって示される。贅沢、葬礼、戦争、祭典、豪奢な記念碑、遊戯、見せ物、芸術、性的倒錯行為(すなわち生殖目的から逸れた)はいずれも、少なくとも原始的条件においては、それ自体で目的をもつ同じような活動である」。(5) ここからバタイユは、「消費(dépense)」という名は、第二の部分である、「非生産的諸形態」にのみ使用し、「生産の媒概念として役立つあらゆる消費の様態」を除外すべきであると主張する。

それゆえ、人間の活動の本質は、こうした「損失」や「無条件の消費」の原理とは別に考えることはできない。しかし、実状はどうか。多くは依然として、「有用性」の原理に基づき、われわれの行動の全体をラショナルなものに詰め込み、その枠内で解釈し、理解しようとしている。それゆえ、それを解体し、イラショナルな次元への突破を狙うバタイユにとっては、差し当たっては、こうしたエコノミーの次元での非合理的なものの探究、すなわち、おぞましいもの、不気味なもの、野蛮なもの、いわゆる後にそう呼ばれることになる「呪われた部分」の解明が最初の課題となる。この課題は、普遍経済論の構想のもとに、限定的な経済学から普遍的なそれへのエコノミー概念の捉え直しとして展開されることになるが、その最初の試みがこの「消費の概念」という一九三三年のエッセイだったのである。モースの「贈与」の概念に触発された、このすぐれた作品の最後の節でバタイユは、「人間の生とは、いかなる場合でも、諸々の合理的な考え方においてそれに割り当てられた閉鎖的な体系に限られうるものではない」と述べたのち、次のように言う。「人間の生を構成する放棄、流出、爆発の巨大な仕事が表現されうるようになるのは、人間の生がこれらの体系の欠如とともにのみ始まるということによってである」(6)。この当時のバタイユにとっては、「無限に戦争を繰り返さない」ためには、少なくとも、マルクス主義をはじめとするエコノミー概念の捉え直しと「非生産的消費」への探索が必要だったのである。

こうした一九三三年のバタイユの試みは、モースの影響を背景にしているとはいえ、「戦争と戦後」を無視しては考えることができないはずである。ここから、バタイユのレヴィナスへの多くの影響を、とりわけエコノミーの概念をめぐって、両者の緊密な関係を指摘することは難しいことではない。例えば、レヴィナスは、「存在のエコノミー」という考え方に従って、バタイユがいわゆる「経済学」の分野で行なった作業を「存在論」の領域で遂行したと考えることもできるだろう(7)。

バタイユについてはこれ以上深入りせずに、もう一つ別な例をあげて、それを経由したのち、本題である「逃走について」に取りかかることにしよう。別の例とは、同じく一九三三年に発表された、ヴァルター・ベンヤミンの作品、「経験と貧困(Erfahrung und Armut)」である。このエッセイでは、「戦争と戦後」はもっと直接的に取り上げられている。ベンヤミンは次のように言う。「当時われわれは、戦場から帰還してくる兵士たちが押し黙ったままであることをはっきりと確認できたのではなかったか。伝達可能な経験が豊かになったのではなく、より貧しくなったのである」(8)。戦場から帰ってくる兵士とは、もちろん一九一四年から一八年にかけて起こった戦争において、「世界史の最も恐ろしい出来事の一つを経験することになった世代」の人々である。それにしても、なぜ、彼らは沈黙しているのか。語るべきことがないからか。いや、そうではない。多くの語るべきことがあり、実際に見聞きした「最も恐ろしい出来事」がある。彼らはその経験を語るべきではないのか。しかし、彼らは語らない。語りようがないのである。なぜか。何かが決定的に変化してしまったからである。それらの経験が語り得ないものだったからである。

それでは、この決定的変化とは何か。経験の価値の下落である。「経験の貧困」という事態である。ベンヤミンはこのエッセイをイソップのある寓話から始めている。「学校の読本に、ある老人についての寓話が載っていた。この老人は死の間際に息子たちに、うちの葡萄の山には宝物が埋めてある、と言い遺す。是非とも掘ってみるがいい、と」(9)。宝物はどこにあるのか。息子たちはあちこち探す。しかし、宝物は見つからない。やがて秋になり、この山はどこの山よりも葡萄の出来がよかった。そこで息子たちは初めて気づく。「父親の遺してくれたものが、幸福は黄金のなかにではなく、勤勉のなかにあるという一つの経験であった」(10)ことに。では、ここで問題になっている「経験」とは何か。ベンヤミンによれば、それは「絶えず年上の世代が年下の世代へと伝えてきたもの」である。しかし、こうした「指輪のように世代から世代へと受け継がれていく確かな言葉」や教え、金言や物語、要するに、ベンヤミンの言う「経験」は、今や確実な根拠を失った。なぜか。テクノロジーの発展である。科学技術の「途方もない発展とともに、まったく新しい貧困が人間に襲いかかってきた」のである。いわゆる「経験の貧困」という事態である。ベンヤミンにとっては、「戦争と戦後」は、われわれが何世代にもわたって継承してきた知恵の集積が無効になってしまったことの確認であり、歴史や伝統の喪失や未知の貧しさの現出という事態に直面することであった。

言うまでもなく、経験の貧困化はベンヤミンの「戦争や戦後」を襲っただけではなく、広くわれわれの社会をも覆う問題である。それには、ある象徴性が含まれている。というのも、経験の貧困化は、世代間において起こる出来事、すなわち、ある世代の人々において生じたテクノロジーの飛躍的発展によってある世代の経験が次の世代の人々に次々に追い越されていくという事態を越えて、一世代においてわれわれの過去が新たな現在によって日々置き去りにされていくという深刻な問題を孕んでいるからである。コンピュータなどを例にあげれば、こうした事態は容易に理解できる。買い求めた愛機は、わずかな年数で「終わったもの」になり、すぐさま新型の機器がもとめられる。しかし、これは何も電子機器の類いについてだけ当てはまる話ではない。かつて一度身につけた技術は生涯にわたる財産だったが、今やそれは短い期間しか通用しない。ましてや何世代にもわたって伝えられてきた「技」となると、もはや特定の分野において残るのみである。

ベンヤミンの「戦争と戦後」の省察は、こうした日々更新され、消費され、痕跡すら残すことなく捨てられていくという、われわれの経験世界の貧しさをテクノロジーの発展という観点から根本的に解明したものである。戦場から戻ってきた兵士たちの沈黙の意味は、既に明らかである。戦場での彼らは自分たちの手持ちの経験では追いつかないような出来事に巻き込まれていたのであり、彼らが何とか理解できる水準をまったく越えた事態に遭遇していたのである。その結果、あの沈黙になる。それでは、文明の頂点に現われた、こうした「未開状態」や「新たな野蛮」にどのように対処すべきか。しかも、これは単に私的な経験の貧しさというのではなく、「人類の経験そのものの貧困」なのである。

ベンヤミンの答えは次のようなものである。「新たに始めること、手持ちのわずかばかりのもので間に合わせること、そのわずかばかりのものから作りあげること、そしてその際、右を見たり左を見たりしないこと」[11]である。失われたものを取り戻すのではなく、すべてを清算し、手持ちの貧しい経験を条件として、新たに開始することである。ちょうど、デカルトやアインシュタイン、ピカソやクレーたちのような人々が、「時代についていかなるイリュージョンをもたないこと、それにもかかわらず無条件に時代の側に立つこと」で、新たな経験を創造したように。[12]しかし、そのためには、われわれは貧しくなってしまったというところから始めるしかない。しかも、ベンヤミンの「戦争と戦後」は、彼自身このエッセイの終わり近くで書いているように、「戸口には経済危機が迫っており、その背後には、来るべき戦争の影が忍び寄ってきている」[13]という暗い予兆のなかにあり、彼の「新たに始めること」というわずかに残された希望はわれわれを襲った「最も恐ろしい出来事」の省察からつかみ取られたものなのである。

フランス語で書かれたものとドイツ語で書かれたものの違いはあるが、同じ一九三三年の二つのエッセイには、レヴィナスの「戦争と戦後」の試みを取り上げるにあたって、多くの示唆が認められる。バタイユにはエコノミー概念の解体と創造があり、ベンヤミンには「経験の貧困」としての文明のなかの野蛮の問題がある。前者は「存在のエコノミー」の問題として、後者は「野蛮という、存在を許容する文明」の問題として、レヴィナスの「戦争と戦後」と深い関連性をもつ。次節では、今度は、翌年の一九三四年に発表されたエッセイ、「ヒトラー主義哲学に関する若干の考察」に簡単に触れて、レヴィナスの「戦争と戦後」の問題について検討し、更にそれとその一年後に発表された、本章の課題である「逃走について」との関連性に触れることにする。

二

一九三四年のエッセイは、これまであまり取り上げられことはなかったが、きわめて重要な意味をもつ作品である(14)。それは何も、第二次大戦前のレヴィナスの代表作の一つである「逃走について」との関連性においてだけではない。そこには、レヴィナスの哲学にとって決定的なテーマが現われているという点でも、見逃すことのできない作品である。

それにしても、なぜ「ヒトラー主義の哲学」なのか。レヴィナスは初めのところでその理由について述べている。なるほど、ヒトラーの哲学は、あえて問題にするまでもないほど、稚拙であり、取るに足らないものである。しかし、それは「伝染病」でも「狂気」でもない。そこには、一つの隠された哲学がある。したがって、ヒトラー主義の哲学とヒトラー主義者の哲学とを区別しなければならない。後者は単なる野蛮の哲学にすぎないとしても、前者にはヨーロッパの「文明の諸原理」を問いただす本質的なものが含まれている。それは何か。それが「基礎的諸感情の覚醒（réveil des sentiments élémentaires）」である。レヴィナスがヒトラーの『わが闘争』の仏訳出版を受けて、その哲学を取り上げるのは実はこれらの感情のもつ魅力と脅威こそが「戦争と戦後」の問題の焦点と見たからである。しかも、後に詳しく述べるように、それらはわれわれ自身の身体に由来する感情であり、それこそがヒトラーの哲学への軽蔑とともに人々が見過ごしている、哲学の本質的な問題だったからである。こうした経緯は、ファシズムに向き合うバタイユの態度を想起させる。すなわち、深く魅了されたところから始めない限りは、決してファシズムの秘密は解らないという態度である。軽蔑や侮りや無視からは何も生まれない。徹底的に魅了されて、その秘密をつかみ取ることで、初めてそれとのラディカルな対決が可能になる。

レヴィナスに戻ろう。それでは、この「基礎的諸感情」とは何か。それは、次のように言われる。「それらは現実的なものの総体と自分自身の運命とに直面したときに取る一つの魂の最初の態度である。それらは魂が世界においてすることになる冒険の意味を予め決定し、予め描いている[15]」。実は、これがわれわれにとっての問題である身体の感情なのである。ヒトラー主義の哲学はこれらの感情に深く根をおろし、そこから原初的な力を得ている。それゆえ、それと対決し乗り越えるためには、この問題の源泉に遡り、「戦争と征服」の論理や「血と人種」の論理を根本的に解明し、その「きわめて恐ろしい」哲学の秘密を暴露する必要がある。ところが、マルクス主義にせよ、キリスト教的普遍主義にせよ、自由主義にせよ、ヒトラー主義の哲学の前では無力である。なぜか。これらの感情の源泉である、「身体の自我への密着」としての「鎖でつながれてあること(enchaînement)」という決定的な事態を理解できないからである。

レヴィナスは次のように言う。「ヨーロッパ的な人間観と真に対立する考え方が可能になるのは、人間が釘付けされている状況が人間に付け加えられるというのではなく、その存在の根本そのものをなしている場合だけである。逆説的な要求だが、われわれの身体の経験がそれを実現するように思われる[16]」。それでは、身体をもつとはどういうことなのか。身体の経験がわれわれの「存在の根本そのもの」を構成している事態とは何を意味するのか。伝統的解釈によれば、身体とは障害物でしかない。「身体は精神の自由な飛躍を砕く。それは精神を地上の諸条件に連れ戻すが、一つの障害物として、乗り越えられるべきものである」[17]。ここにあるのは、「身体のわれわれに対する永遠の異他性の感情」である。しかも、これが永遠の感情である限りで、決して消えてなくなることはない。要するに、身体はわれわれの永遠の他者なのである。それゆえ、それがどのようなものであれ、「われわれの身体とわれわれ自身との同一性の感情」は、常に乗り越え可能であり、還元可能なものであり続ける。しかし、本当にそうか。「同一性の感情」は、これとまったく別のことを主張しているのではないか。つまり、それは乗り越え不可能であり、還元不可能なのではないか。レヴィナスによれば、この感情の真正性は「自我と身体との二元論」の消滅にある。決定的な一節を引こう。「自己を身体から区別しようと望む、まさしく自我の開花以前に、われわれは自分の身体の唯一無二の熱のなかで自己を確証しているのではないか[18]」。すなわち、「自我の開花以前」にあるのは、レヴィナスが病者の経験を引いて述べるように、もはやあの二元論ではなく、われわれの存在の「分割できない単一性」という事態である。しかし、これは「自我の開花以前」の事態であって、開花以後はまた二元論がやってくると考えてはならない。そうではなく、われわれは決してこの「自我と身体との密着」から逃れられないということである。いや事情はそれ以上であり、「身体に鎖でつながれてあること」こそが、自我の、そして精神の本質を作り上げているのである。正確には、身体が自我なのである。

もう一度、ヒトラー主義の哲学に戻ろう。この世俗の手垢にまみれた哲学の本当の怖さは、実は今述べた「自我と身体との同一性の感情」に存する。それが生物学的な装いをまとい、血や遺伝や人種を強調するのは、問題の核心に身体の問題があるからである。この問題に対して、自我や精神に何ができるだろうか。何もできない。なぜなら、事態は逆であり、自我や精神の方が身体の一部だからである。もはや人間の本質は自由ではない。むしろ、身体に鎖でつながれているという不自由から出発しなければならない。いや、それを不自由と言う必要もない。われわれは身体から出発しなければならない。ちょうど、ヒトラー主義の哲学が身体から始めたように。そうなると、人間と社会との関係の問題も、人間と観念との関係の問題も、真理と普遍性の問題も、プロブレマティークそのものが変わらざるをえない。身体を中心としたそれへの転換が必要である。身体の問題からすべてをやり直すことであり、新たに始めることである。ちょうど、ベンヤミンが「経験と貧困」で明らかにしたように。今や問題は明らかである。ヒトラー主義の哲学との根本的な対決は、身体という戦場で戦われなければならない。

一九三四年のエッセイは、問われるべきは「人間の人間性そのもの」であるという一文で終わっているが、この戦いは翌年の「逃走について」に引き継がれる。今度は、「自我と身体との同一性」そのものが審問にかけられ、そこからの脱出が試みられる。ただし、注意する必要があるのは、この脱出のそれはこれまでのものとはまったく異なる点である。改めて言うまでもなく、もはや魂や精神による身体の鎖からの解放ではありえない。そうではなく、それは身体の身体による身体からの脱出の試みにほかならない。

「逃走について」では、「自我と身体との同一性」の問題は、「存在は存在する」という「存在の同一性」への審問として、われわれが実存するという事実そのものへの問いという形をとる。書き出しの文章でレヴィナスは次のように言う。「存在の観念に対する伝統的哲学の反抗は、人間の自由とそれを損なう存在の生の事実との不調和から生じる[19]」。しかし、この反抗には何か決定的なものが欠けている。というのも、それが「人間の自分自身」への対立も「主体の単一性」の破壊ももたらさないからである。それゆえ、ヨーロッパの哲学にあっては、「存在するという事実の自足性」、すなわち「存在の同一性」は無傷なままである。超越が問題になったとしても、それはより善き存在への超越や人間の存在に課せられた諸々の限界の乗り越えであり、無限な存在との合一でしかなかった。しかし、レヴィナスの言う「逃走」は、こうした超越とはまったく異なる意味をもつ。それでは、「自分たちの世代による、存在の哲学に対する最も根本的な否認」とまで言われる、「逃走」とは何か。

「逃走」という語は、レヴィナスのオリジナルの用語ではない。当時の批評の言語から借りたこの奇妙な語は、正しくは「世紀の悪」に向けられたものである。この「世紀の悪」とは、これまでのわれわれの言い方では、「戦争と戦後」の悪のことであり、それが露呈させた「存在があるという基礎的真理」の悪である。それは、何であれ何が起こっても、まったく変わることのない事実、すなわち、われわれが実存しているという事実そのもの、「われわれの現存の不変性」の事実、そういった類いの悪なのである。しかし、それがなぜ悪なのか。一つのヒントは前年のエッセイにある。そこでレヴィナスは、普遍性がいかにしてレイシズムと両立するかという問いを立てたのち、次のように言う。「レイシズムの最初の発想の論理には、普遍性の観念そのものの根本的変容があるのかもしれない[20]」。ここからレヴィナスは、「力の拡張」と「観念の普及」とが異なる構造をもつことを指摘して、前者の論理によって作られる普遍性の問題を取り上げる。この力の拡張の論理を支えているのが、あの「自我と身体との同一性」の原理であり、「存在の同一性」のそれなのである。それゆえ、ここに戻って、普遍性とレイシズムとが両立するという問題を考えない限りは、レイシズムの悪を解明することはできない。レイシズムの秘密が「存在があるという基礎的真理」にあるとしたら、そこにこそレヴィナスが「世紀の悪」を見たとしても決しておかしなことではないだろう。しかし、これはほんの一例にすぎない。われわれは、この作品の末尾近くの文章の一節、「レイシズムはキリスト教的で自由主義的な文化のある特定の問題点に対立するだけではない[21]」というレヴィナスの言葉の深い意味を考える必要があるだろう。

ところで、「存在の啓示と、存在が含む深刻で、いわば決定的なあらゆるものの啓示は、同時に反抗の経験でもある[22]」から、ここには既に存在の同一性の破れ目が垣間見える。先に伝統的哲学の名のもとに語られた反抗とここで言われている「反抗」との違いに注意する必要がある。後者のそれは、われわれの実存の事実そのものに向けられた反抗であり、存在は存在するという存在の同一性を問いただす反抗なのである。レヴィナスは、ベルクソンの「生の飛躍」や「創造的生成」といった概念の検討を経由して、こうした反抗の運動、要するに、存在からの脱出の運動を、「逃走」という概念によって改めて捉え直し、次のように言う。「刷新にも創造にも同一視できないこの脱出のカテゴリーこそ、その完全な純粋性において捉えることが重要である。われわれに存在から脱出することを促す、誰にも真似のできないテーマである[23]」。

冒頭で述べた「外越」という新しい用語は、従来の超越という語に対抗して、こうした「存在からの脱出」を明確にするためのものである。「逃走」や「外越」が狙うのは、「実存の自己自身との同一性」であり、「自我の同一性」である。レヴィナスはこのなかに「一種の二元性」を区別し、自己自身との同一性に「劇的形態」を見る。「存在の同一性は、自我の同一性において、鎖でつながれてあることというその本性を露にする。というのも、それは苦しみという形で現われ、逃走へと誘うからである[24]」。要するに、「逃走」とは、自己自身から脱出しようとする欲求であり、「鎖でつながれてあること」や「自我が自己自身であるという事実」に対する破壊への欲求なのである。したがって、この概念によって問われるべきは、レヴィナスの言うように、「存在としての存在という純粋な存在の構造」にほかならない。

それでは、逃走の線はどこに描かれるべきなのか。もちろん、それは「自己を措定するという事実の内的構造」においてであり、「実存者の実存」に関わる「既に逃走として示されている存在するという事実の純粋性」においてである。先に「苦しみ」という言い方で示唆したように、実は身体の諸感情が問題になるのはこの逃走の線が描かれる存在の内的構造においてなのである。それにしても、なぜ身体の諸感情なのか。

三

言うまでもなく、欲求が問題だからである。自我が自己の鎖を断ち切って、自分自身から脱出するという逃走の欲求が問題だからである。身体の諸感情としての「欲求（besoin）」の分析において取り上げられるのは、「不快感（malaise）」「快楽（plaisir）」「羞恥（honte）」、そして不快感の本性の現われである「吐き気（nausée）」である。ただし、こうした身体の諸感情を考察するにあたって、注意すべきは欲求の定義の変更である。それはもはや欠如を意味しない。欲求が問題にするのは、「既に逃走として示されている存在するという事実の純粋性」だからである。

初めに、身体の不調でもある「不快感」から始めよう。「欲求の特徴である苦しみの特殊な様態」であり、「居心地の悪さ」である不快感は、耐え難い状況からの脱出の努力であり、しかも目標も場所も知らない企てである。それゆえ、非決定性と無知がその特徴である。そうであれば、不快感にあっては、いつまでもそれが満たされるということはない。それゆえ、われわれは不快感に欲求と満足との関係とは異なる種類の不充足を見なければならない。それでは、不快感のこうした不充足性は、何を意味するのか。それは「われわれの存在の現前」を表わしている。要するに、不快感は、逃走への努力という仕方で、われわれが存在するという事実そのものを告げているのである。

次は「快楽」の問題である。それは「欲求の満足の原初的現象」であり、今述べた、こうした主張を正当化するものである。「快楽の特有のダイナミズム」はこれまで十分に評価されてきたとは言い難いが、そこには「何か眩暈のようなもの」があり、「存在はいわば自分の実体がなくなり、酔いのなかにいるかのように軽くなり、散り散りになる」(25)。それゆえ、レヴィナスは、快楽のなかに、自己放棄や自己喪失を、そしてまた自己の外への脱出や脱自などを見る。そして、これらはいずれも「逃走への約束」を表わしているものである。そうであれば、当然快楽もまた不快感と同様に、その本質においては存在からの脱出の運動ということになる。いや、快楽の分析はそれ以上のことを教える。レヴィナスによれば、欲求の満足には「情感的な出来事」が伴うが、この事実は「欲求の真の意味」を教えてくれる。すなわち、情感性が存在や能動性のカテゴリーと無縁である以上は、欲求もまたこれらとは関係がないということである。それゆえ、快楽についても、その情感的な本性という観点から考えられなければならない。「まさしく快楽が存在の諸形態をとらず、それらを破壊するという理由で、快楽は情感性である(26)」。それゆえ、情感性としての快楽は、存在からの脱出としての逃走を示している。しかし、快楽の逃走は常に挫折に終わるがゆえに、本物の逃走ではない。

ところで、こうした快楽の挫折の意味は「羞恥」において明確なものになる。われわれはなぜ、羞恥を覚えるのか。レヴィナスは次のように言う。「羞恥があるのは、隠したいものを隠せないからである。自分を隠すには逃げる必要があるが、それは自分から逃げることの不可能性によって挫折する。羞恥において現われるものは、それゆえまさしく自己自身に釘付けになっているという事実であり、自分を自分に隠すために自分から逃げ出すということの根元的な不可能性であり、自我の自己自身への容赦のない現前である(27)」。それでは何が恥ずかしいのか。自分を隠そうとしても隠しきれないという事態の露呈、自分から逃げようとしても決して逃げられないという事態の出現、それが恥ずかしいのである。したがって、裸の身体が恥ずかしいわけではない。裸の身体の「内密性」や「自己自身の実存」が恥ずかしいのである。それゆえ、レヴィナスが言うように、踊り子の裸やボクサーのそれは剥き出しの生の実存の現われそのものではないがゆえに、もはや羞恥から遠いものなのである。

これまで「不快感」、「快楽」そして「羞恥」という、レヴィナスによる身体の諸感情の分析を辿ってきたが、問題はどこにあるのか。それは、「存在はその根本において自分自身にとって一つの重荷である」というテーゼにある。そして、このテーゼの意味を明らかにするのが、身体の諸感情の分析の最後の問題、すなわち「吐き気」のそれである。われわれもまた最後に、この「吐き気」という不快感を取り上げよう。「吐き気」とは何か。それは「吐くこと（vomissement）に先立ち、やがて吐くことがわれわれを解放してくれる嘔吐を催させる状態」であり、しかもこの「嘔吐を催させる状態（état nauséabond）」は外部からわれわれを取り囲むのではなく、内側から気分を悪くさせるのである。言ってみれば、それは「われわれ自身のわれわれ自身への反抗的現前」であり、われわれはそれを感じるたびに自己と自己との分裂や二元性のなかに置かれる。しかし、問題はこうした分裂や二元性である。吐き気は、いずれ乗り越え可能な単なる障害ではない。そこには独特の二元性が認められる。レヴィナスは次のように言う。「ひとがそうであることとの不可能性である吐き気において、ひとは同時に自分自身に釘付けされており、息が詰まる狭い円のなかに閉じ込められている。ひとはそこにいて、もはやなすべきことは何もないし、われわれが全面降伏のうちにあり、完全にお手上げ状態にあるという事実に付け加えるべき何もない。これは純粋存在の経験そのものであり、それこそこの論文の冒頭で予告されていたものである。しかし、この『もはや-なすべき-ことは-何も-ない（il-n'y-a-plus-rien-à-faire）』は、そこであらゆる行為の無効性がもはや脱出するしかない最後の瞬間を指示しているような限界状況の表徴なのである。純粋存在の経験は同時に、その内的対立と不可避の逃走の経験である(28)」。

　このように、吐き気は存在の欠如ではなく、その充実や仮借なき現前を裸のままで示す純粋存在の経験そのものであり、それは存在からの脱出への絶望的努力という、どんな行為も無駄である状況にあって、それにもかかわらずなお唯一そこから逃げ出すことが残されているような矛盾的な二元性において現われる。それでは、この独特の二元性をどのように考えるべきか。これは実存者と実存との区別、すなわち、ここではレヴィナスはこの用語を使用していないが、いわば存在論的差異そのものに関わる経験ではないのか。レヴィナスは身体について面白い例をあげている(29)。なるほど、嘔吐は社会的に見て恥ずべき行為である。しかし、他のものに比べて、身体の恥ずかしい現われという点で、恥ずべき行為であるというわけではない。どういうことか。吐き気の恥ずかしさはまったく異なる意味をもつのである。すなわち、その恥ずかしさは「身体をもつという事実そのもの」に、「現に存在するという事実そのもの」に存する。したがって、嘔吐は孤独な個人のものである。例えば、気分が悪く、もはや吐くしかない孤立した病人は、自分自身に恥ずかしさを覚える。このとき、他人がいるとどうなるだろうか。他人は救いになる。嘔吐する病人は「病気」によって吐いていると扱われるだろう。しかし、奇妙な言い方になるが、社会的に吐くのではなく、一人で吐いたとしたら、事情は異なる。病人が一人で吐いて恥ずかしさを覚えるというとき、起こっていることはちょうど自己の前での自己の羞恥の現象と同じである。

　したがって、吐き気の不快感が教えているのは、吐き気はわれわれが身体をもつという事実や現に存在するという事実そのものに由来するということである。別の言い方をすれば、それは実存者と実存との存在論的差異に関わる事柄である。ここに、この一九三五年のエッセイが開いた新しい地平の決定的な文章を置いて、レヴィナスの身体の諸感情としての吐き気の分析の結論を見ることにしよう。「吐き気の容赦のなさは、吐き気の基底そのものを構成する。避け難いこの現前の絶望は、この現前そのものを構成する。そのことによって、吐き気は、何か全体的なものとして自己を措定するだけではなく、自己を措定する働きそのものとして自己を措定する。すなわち、存在の確立である。吐き気は自分自身にしか依拠しないし、自分以外のすべてに自己を閉ざし、他なるものへの窓をもたない。それは、それ自体のうちに引力の中心をもつ。そして、こうした措定の基底は自分自身の実在の前での無力さにあるが、にもかかわらずこの無力さはこの実在そのものを構成するのである[30]」。要するに、吐き気が示していることとは、その無力さにおける存在の現前であり、しかもこの存在の無力さが存在を存在として構成しているという事態である。したがって、吐き気は単に実存者においてのみ起こる現象ではなく、むしろ実存者の実存に関係する事柄なのである。

しかし、吐き気をこのように考えることで、レヴィナスはそこに逃走の線を描くことに成功したのだろうか。なるほど、それを頂点とする身体の諸感情の分析によって、要するに、欲求の分析によって見出されたものが、「存在の措定のうちにあるすべての反抗的なもの」であるとしても、それは依然として逃走への希求にとどまる。それらは逃走への論理的な根拠を与えるものではない。一体何が問題なのか。吐き気が存在の現前そのものであるという理由で、脱出への欲求と逃げることとの不可能性とが同時に成立する吐き気の不快感が教えるように、身体の諸感情の分析は実存者と実存との区別を示し、両者の断ち切り難い関係を提示するが、にもかかわらず、それは依然として存在論的差異の圏内にあり、それを突破するところまでは至っていない。というのも、「存在のあらゆる重みと存在の普遍性」とを測定し、「実存の成就そのものにおいてその実存を破るような出来事」を探究する試みがなされていないからである。結論としては、最後にレヴィナスが言うように、「新しい道によって存在から脱出する」ことである[31]。すなわち、イポスターズの道の発見である。

既にディディエ・フランクは、この「新しい道」の側から、間接的にではあるが、「逃走について」の問題点に関して指摘していた。それは、実存者と実存との存在論的差異の問題を超えて、両者の分離にまで至る必要があるのではないかとの指摘である。ここでわれわれは、本章の冒頭に引いたフランクの文章の一節を想起する必要がある。すなわち、「実存者が実存と契約を結ぶ運動」は「実存者が実存から逃走する運動」に先立っており、また「実存者なき実存における実存者の定位」、すなわち身体の定位は単に存在からの脱出としての「外越」のみならず、「善への外越の倫理的必然性」の存在論的根拠の解明がない限りは、逃走も外越も不十分なものにとどまらざるをえないという問題である[32]。こうした課題は、もちろんあの一九七四年の第二の主著と呼ばれるものを頂点とする第二次大戦後の展開に引き継がれていくことになる。しかし、これはわれわれが辿り直した一九三五年の「逃走の哲学」においても、既に半ば素描されていたと言えないだろうか。身体の諸感情の分析はそのための探索の一環であり、必要な道だったのである。そこにこそ、「自我の存在」と「逃走の欲求」の問題を結合し、文明の頂点において現われた「野蛮」の問題を「存在からの脱出」の問題として引き受けた、レヴィナスにおける第一次世界大戦の「戦争と戦後」の「逃走の哲学」のもつ重要性がある。

註

（1） Emmanuel Lévinas, *De l'évasion,* Fata Morgana, 1982, p. 71.

（2） *Ibid.*, p. 98.

（3） Didier Franck, le corps de la difference, in *Dramatique des phénomènes,* PUF, 2001, p. 88.

（4） *Ibid.*, pp. 77-78.

（5） Georges Bataille, La notion de dépense, in *La part maudite*, Ed. de Minuit, 1967, p. 28.

（6） *Ibid.*, p. 43.

（7） 拙稿「バタイユとレヴィナスにおけるエコノミーの問題」『人文學』第一七八号（同志社大学人文学会編、二〇〇五年）所収、参照。なお、本書第2章参照のこと。

（8） Walter Benjamin, Erfahrung und Armut, in *Gesammelte Schriften* II・I, hrsg. von Rolf Tiedemann u. Hermann Schweppenhauser, Suhrkamp Verlag, 1977, S. 214.

（9） *Ibid.*, S. 213.

（10） *Ibid.*, S. 213-214.

（11） *Ibid.*, S. 215.

（12） *Ibid.*, S. 216.

（13） *Ibid.*, S. 219.

（14） 拙稿「レヴィナスにおける疲労と睡眠」『文化學年報』第五六輯（同志社大学文化学会編、二〇〇七年）所収、参照。なお、上記の論文では主に第四節と第五節において本書とは違った観点から同時期のレヴィナスの思想を取り上げているが、ここでの論述と一部重複する個所があることを予め断っておく。なお、本書第3章参照のこと。

（15） Emmanuel Lévinas, Quelques réfléxions sur la philosophie de l'hitlérisme, in *Les imprévus de l'histoire*, Fata Morgana, 1994, p. 27.

(16) *Ibid.*, p. 35.
(17) *Ibid.*, p. 36.
(18) *Ibid.*
(19) Emmanuel Lévinas, *De l'évasion*, p. 67.
(20) Emmanuel Lévinas, *op. cit.*, p. 40.
(21) *Ibid.*, p. 41.
(22) Emmanuel Lévinas, *De l'évasion*, p. 71.
(23) *Ibid.*, p. 73.
(24) *Ibid.*
(25) *Ibid.*, p. 82.
(26) *Ibid.*, p. 83.
(27) *Ibid.*, pp. 86-87.
(28) *Ibid.*, p. 90.
(29) *Ibid.*, p. 91.
(30) *Ibid.*, p. 92.
(31) *Ibid.*, p. 99.
(32) Cf. Didier Franck, *op. cit.*, pp. 89-90.

第5章　レヴィナスにおける時間の超越と存在論的差異の彼方

本章の目的は、一九三〇年代に始まるレヴィナス哲学の歩みを、存在論的差異をめぐるプロブレマティークから、存在論的差異を超えた差異のそれへの移行として捉え、彼の二つの主著において存在の彼方の意味を明らかにすることにある。

改めて言うまでもないが、ここでいう、存在論的差異とはハイデガーの存在者と存在との差異の問題を、そしてまた存在論的差異を超えた差異とは存在者の存在、すなわち「存在すること」と、「存在することの彼方」、「存在することの他」との差異の問題を扱うことを意味する。要するに、二つの差異が問題なのである。一方では存在するものと存在することとの差異があり、他方では存在することと存在することの彼方との差異があり、そして問題はこの両者の差異なのである。

最初に述べたように、われわれは、レヴィナスの哲学的歩みがこの前者の差異の問題から後者の差異の問題への移行にあると考えるが、しかしながら、このことが十分に論じられたとは言いがたい。紙幅の関係もあり、部分的には駆け足で論じざるを得ないが、まず一九三〇年代のレヴィナスの哲学を取り上げ、次に第二次世界大戦を挟んで二つの作品『時間と他者』と『実存から実存者へ』に触れ、最後に、特に後者の差異の意味、存在論的差異の彼方の意味について明らかにするために、一九六一年と一九七四年の二つの主著を検討する。

これらの論述を通して、われわれは、レヴィナスの哲学の展開において、「時間の超越」という概念が果たすきわめて重要な役割を見ることになるだろう。

一

一九二九年に発表された、フッサールの『イデーン』第一巻について書かれた紹介論文を別にして、われわれは、ひとまず、レヴィナスの哲学上のキャリアをその翌年に出版された『フッサール現象学の直観理論』にまで遡ることができる。ただし、この「レヴィナス以前のレヴィナス」をどのように評価するかに関しては、慎重な取り扱いを要する(1)。この著作は、ごく簡単に言えば、フッサールの現象学のなかにハイデガーの存在論の「実存」概念を導入し、意識の志向性とそれが向かう対象との直接的な「出会い」の重要性を強調し、この観点からフッサール現象学の読解を試みたものである。しかし、この試みは、諸事象の現われの場である意識に立ち返って、それらの対象の現われる仕方、それらの与えられ方の解明を目指すフッサール現象学から見て、別種のものであり、「新種の現象学」(シュトラッサー)であることは否めない[2]。レヴィナスと違って、フッサールが問題にしていたのは、意識を超越する超越的存在の開示ではなく、それがどのような仕方で意識において現われるかということであった。言うまでもなく、フッサールにとっては、実在的対象は問題にならない。志向的意識の対象はあくまでも構成されたものでしかない。しかし、レヴィナスにとっては、「意識が存在するという事実」、すなわち意識の実存こそが問題であり、したがって、意識において対象の与えられ方を問うというよりも、意識に現われている対象に向かって、自分自身を抜け出し、自分の外へと赴き、対象との出会いを実現することが最も重要な問題であった。意識の志向性もまた、当然、このような脱自性として、実存として解釈された。それゆえ、レヴィナスは、意識の志向性において、そのノエシス―ノエマ的構造において与えられる諸対象の構成というフッサールの問題から離れ、意識の脱自性としての志向性による超越的対象との直接的な出会いを強調したのである。

例えば、『フッサール現象学の直観理論』の「結論」において、レヴィナスは次のように言う。「存在についての理論から出発して直観の理論を理解しようと試みることによって、われわれは、フッサールが、物理学の対象を実体化して、その対象の類型に基づいて実在の全体を考えようとするような、自然主義的な存在論をいかにして乗り越えるかを示そうとした。われわれは、『体験』の概念に緊密に結合した存在の概念に到達した。体験はと言えば、それは、一方では、常に自分自身の存在の保証をもつ絶対的存在として、そこであらゆる存在が構成される場所として、そして他方では、本質的に志向的なものとして現われた」[3]。レヴィナスは、この著作の試みをこのように要約した後、更に次のように言う。「そのことから、意識の生は、自分自身の状態に直面しているのではなく、いつでも超越的存在の前に在るということになる。この条件のもとでは、真理は、主観的表象の内的合法性のうちに存するのではなく、生が『生身のものとして』（現にそれ自体として）与えられた自分の対象の前に現前することに存する。直観とはわれわれを存在と接触させようとする働きであり、したがって真理の場所はその直観のなかだけにある。このように性格づけられた直観がカテゴリーと本質の領域にまで拡がることを理解するのは、難しいことではない(4)」。しかし、このような、対象を「生身のものとして」われわれに与える直観の働きは、意識の絶対的存在なしには不可能である。それゆえ、問題はこの意識の絶対的存在ということになる。そしてレヴィナスは、それをハイデガーの存在者の存在とみなし、その意味を問うことこそが意識の現象学の本質的課題と考えたのである。すなわち、意識が存在するという事実そのものが問われなければならないのである。

ここでの主題との関係上、これ以上の深入りは避けるが、この二四歳の若きレヴィナスの作品の評価とは別に、次の二点だけは強調しておく必要がある。まずそれは、これと、この二年後に発表された論文、一九三二年の「マルティン・ハイデガーと存在論」とを重ね合わせてみると、最初の著作で試みられた「記述から実存へ」という流れが後にサルトルやメルロ＝ポンティの現象学に大きな影響を及ぼすことになったという点である。もう一つは、同論文の第三章の最初のところでレヴィナス自身が認めているように、彼のこの博士論文には、フッサール現象学の最も重要な問題の一つ、レヴィナスの言うところの「内在的時間の構成」の問題が抜け落ちているという点である。もっとも、この点については、彼自身十分自覚的であったと思われる。実際に、レヴィナスは、フッサール現象学における時間の問題の重要性を、すなわち、「時間における意識の構成」、「時間そのものの構造」、「内的時間意識」、「意識を性格づける歴史性」と一つひとつ数え上げたうえで、この作品が主に直観を対象とする研究であるという理由で、「時間のうちで既に構成された意識の前に身を置く」ということをわざわざ断ってはいる[5]。この点は割り引いて考えなければならないだろう。また、別の個所では、現象学的反省の可能性とその権利への批判において、意識の生の持続に触れ、「現在の瞬間」、「生の顕在的湧出」とともに「原印象」という語が登場する[6]。ただし、この場合は、問題はあくまでも現象学的反省の課題という文脈でのものであり、後年レヴィナスが行なったような、そこから更に現象学に対する批判から現象学の彼方へという議論の進行にはなってはいない。これはこれで非常に興味深い論点ではある。このように、時間の問題についての言及も確かに部分的には見られる。しかし、それにもかかわらず、ここでのわれわれにとっての問題、時間の超越という観点から見れば、レヴィナスによる直観の問題への限定を認めたとしても、この「内在的時間の構成」が捨象された問題は看過できない点である。というのも、時間の超越、とりわけ原印象と生き生きとした現在の問題こそ、後にレヴィナスに、実存の問題、すなわち、存在者と存在との差異に関する問題の捉え直しへと促した、きわめて重要な核心部分だったからである。したがって、この最初期のレヴィナスにあっては、時間の超越の運動とそれがもたらす帰結とに関して、いまだ十分な自覚に達していなかったということであろう。

時間を少し進めて、第二次世界大戦後のレヴィナスに問いかけてみよう。この段階では、今度は、実存の問題と時間の問題が中心に据えられることになる。しかし、事情はそう単純ではない。確かに、一九四七年の『実存から実存者へ』と、その翌年に出版された『時間と他者』では、主に実存の問題では、ハイデガーの存在者と存在との存在論的差異に基づき、この差異を「被投性」の概念を使ってさらに分離にまでもたらし、そこから「ある（Il y a）」とイポスターズの問題が詳しく論じられ、他方、時間は他人との関係の問題として主題的に取り上げられている。要するに、レヴィナスは、これら二つの著作において、イポスターズ、すなわち、存在者なき存在、「ある」において、いかにして存在者が誕生することになるかを問うことによって、「ある」に回帰することのないその多元的意味を追究し、そこから他人との関係そのものとしての時間へと到達する。このことによって、レヴィナスは、自我の存在の他性なきエゴイズムに、他人との関係としての時間という他者性を、それも絶対的に他なるものを導入することに成功したはずであった。しかし、それにもかかわらず、それらはレヴィナスを満足させるものではなかった。何が問題だったのか。

二つの著作の出版から、レヴィナス自身によって三〇年以上後に書かれた二つの序文のなかに、その答えがある。一九七九年の『時間と他者』の序文で、時間の意義に触れた後、レヴィナスは次のように言う。「時間の超越は一九四八年のエッセイでは、せいぜい予備的なものにとどまるひらめきとしてしか記述されなかった。それらは、通過時態（dia-chronie）が意味する超越と他者の他者性の隔たりとのアナロジーによって導かれるだけではなく、この超越のあいだを踏み越える紐帯——どんな関係の項でも結合するようなものとは比べようがない——によっても導かれる」(7)。また、同じく、一九七七年の『実存から実存者へ』の第二版の序文においては、この戦後すぐのものとの違いを強調する仕方で次のように言われる。「最近の研究において、超越のテーマに取りかかり、無限への〈渇望〉としての時間性の分析をすることができるようになったのは、他人との関係およびそれが意味する〈自我〉のエゴ性の転換から出発することによってである」(8)。この七七年の序文で言われる「最近の研究」とは、主として、おそらく一九七四年に出版された『存在するとは別の仕方で、あるいは存在の彼方へ』での研究であろう。したがって、時間の超越の研究に関しては、第二次世界大戦前後の思索から、『全体性と無限』を含めて、この第二の主著に至るその後の展開をまたなければならないだろう。それでは、実存の問題、言い換えれば、存在者の存在の問題についてはどうか。やはり、この第二版の序文で、「〈ある(Il y a)〉に立ち返ることのないイポスターズの脱-出が示される一節に今日性」を認めた後、さらにこの序文の別の個所でレヴィナスは、ハイデガーの存在論的差異に触れて、『実存から実存者へ』での存在者と存在との転倒が、「存在論的差異の彼方の意味」を、最終的には「無限の意味そのもの」を明らかにする試みの一環であったと述べる。これらの文章は、本章の主題から見て、きわめて重要である。というのも、一見したところ、「実存から実存者へ」という表現は単にハイデガーの存在者と存在との区別を逆にしただけのように思われかねないが、実はこの転倒には隠された狙いが秘められていたことがレヴィナス自身によって語られているからである。それは、もはや存在論的差異の意味の解明ではなく、存在論的差異を超えた差異の意味の探究、すなわち「存在論的差異の彼方の意味」の探究という狙いである。しかしながら、この記念碑的著作では、この課題は、時間の超越の問題と同じように、「一環である」という言い方からも明らかなように、いまだ途上にあるということであろう。しかし、これは当然と言えば当然である。というのも、後に述べるように、この実存の問題も時間の問題も、実は、同じ一つの問題だったからである。

ここでもう一度、戦後のレヴィナス、ただし戦後は戦後でも第一次世界大戦後のレヴィナスに戻って、時間の超越と存在論的差異の問題の最初の段階を見てみよう。実存の問題が、レヴィナスにおいて、存在からの脱出という形を取ったのは、一九三五年の「逃走について」という論文からである。ここでいう「逃走」とは、言うまでもなく存在からの逃走である。しかし、このハイデガーの存在者の存在からの脱出の試みは失敗に終わる。レヴィナスは既に一九三二年の「マルティン・ハイデガーと存在論」の段階で、ハイデガーの存在論について次のような理解を得ていた。「それゆえ、世界内存在は、人間が世界の中に存在するという月並みな事実の主張ではない。それは、現存在が存在を了解するという仕方で実存するという最初の定式の新しい表現なのである。それはまた、われわれに、いかにして諸事物と道具の世界の現われが現存在の実存に自己の条件をもち、現存在の一つの出来事であるかということを示している。自己の外に出て諸対象に向かうという働き——近代の哲学が知る主観の客観への関係——は、その根拠を、存在者的な仕方で理解された諸〈存在者〉を超えて、存在論的な存在へと向ってなされる飛躍のうちに有する。この飛躍は、現存在の実存を通して遂行され、この実存の出来事そのものであり、実存に付け加えられるような一つの現象ではない。存在者を超えて存在へと向かうこの飛躍——そしてこれが存在論そのもの、存在了解なのだが——、この飛躍に対して、ハイデガーは、〈超越〉という語を用いる。この超越が主観の客観への超越——そこから認識論が出発する派生的な現象——を条件づけているのである。ハイデガーにとって、存在論の問題は超越論的であり、それもこの新しい意味においてそうなのである」[9]。

ここで問題なのは、続けてレヴィナスが語っているように、「超越の構造」の解明、すなわち存在者と存在との差異、存在論的差異の意味を明らかにすることである。一九三〇年の博士論文に戻って言えば、これがレヴィナスの言う「意識が存在するという事実」、要するに、実存の問題なのである。すなわち、「自己の外に在ること」としての脱自の問題なのである。それゆえ、レヴィナスにとって、実存の問題とは初めから、存在論的差異の問題、存在者と存在との結びつきのそれであり、この結合という出来事において何が起こっているかを明らかにすることこそが課題だったのである。そして、先にあげた、一九三五年のエッセイ、「逃走について」は、この問題、すなわち、存在の同一性、存在が存在するという事実、「実存の自己自身との同一性」が「存在からの脱出」という形で論じられた最初の試みにほかならない。しかし、それにしても、なぜ「存在からの脱出」なのか。それは、後のレヴィナスの言い方を借りれば、ここで問題になっている存在論は、常に、コナートゥス・エッセンディとしての「他者なきエゴイズム」に陥らざるをえないからである。自我が存在するという事実には、他者が不在だからである。それは悪にまみれているからである。

実はこのテーマは、「逃走について」の一年前に発表されたエッセイ、「ヒトラー主義哲学に関する若干の考察」において、既に「自我と身体との同一性」の問題として取り上げられていた。ただし、ここにはまだ「存在からの脱出」という言葉はない。しかし、その狙いは明確である。来るべき戦争の恐怖のなかで、レヴィナスは、一見したところ稚拙きわまりないものとみなされていたヒトラー主義の哲学を身体の哲学として読み解き、それとの根本的対決の場を同じく身体の問題に設定する。したがって、ヒトラー主義の哲学が「自我と身体との同一性の感情」にその源泉を持つ以上、それを乗り越えるためには当然この同一性の感情そのものを相手にしなければならないのである。レヴィナスはここから、身体の哲学にその活路を求めた。今や、真理は、そこでわれわれが俳優としてさまざまな役柄を演じる劇のなかにしかない。この真理の劇的展開をもって、レヴィナスは、このエッセイの最後に、もはや、民主主義の、議会主義の、独裁制の、宗教のポリティークのあれこれのドグマが問題ではないと述べる。問われているのは、「人間の人間性そのもの」、つまり身体である。それゆえ、哲学の出発点は、もはやコギトではなく、身体なのである。

そして、この課題は一年後の「逃走について」で本格的に着手されることになる。それは、「存在が存在する」という「存在の同一性」への審問として、われわれが実存するという事実そのものへの問いという形を取り、もはや超越ではなく逃走として、自己自身から脱出しようとする欲求の解明、すなわち、「不快感」、「快楽」、「羞恥」、そして「吐き気」という身体の諸感情の分析、要するに「自我が自己自身であるという事実」の破壊へと到る。しかし、もう一度言うと、この「存在からの脱出」の試みは失敗に終わる。どうしてか。

二

身体の諸感情の分析によって、特に「吐き気」のそれが示すように、「存在の措定のうちにあるすべての反抗的なもの」が見出されるとしても、それは逃走への希求にすぎないからである。それは逃走への論理的根拠を与えるものではないからである。何が問題だったのか。それは身体の諸感情の分析が結局のところ依然として存在論的差異の圏内にあり、それを突破するところまで行っていないことが問題なのである[10]。「実存者と実存との区別」、言い換えれば、存在論的差異の彼方の意味が明確ではないことが問題なのである。というのも、「逃走について」においては、「存在のあらゆる重みと存在の普遍性」とを測定し、「実存の成就そのものにおいてその実存を破るような出来事」を探究する試みがなされていないからである。この試みの遂行に成功しない限り、「存在からの脱出」としての存在論的差異の彼方の意味の解明は可能ではない。したがって、レヴィナスの言うように、身体の諸感情の分析に代わる新しい方法論の探究、「新しい道」によって存在から脱出するしかない。それが、第二次大戦後に、二つの著作において示された「イポスターズ」の道である。

興味深い事実がある。「逃走について」では、他者への言及がほとんど見られない点である。もちろん、そこには、時間も顔も倫理も出てこない。これらは戦後、今度は第二次世界大戦後の方の戦後の問題である。一五年の間に何があったのか。しかし、ここではそれに触れない。ただ注目すべきは、一九四〇年の「エドムント・フッサールの業績」という論文である。その第一一節「自我、時間、そして自由」には、次のように書かれている。「あらゆる意識の起源とは、〈原印象〈Urimpression〉〉という原初の印象である。しかし、この根源的受動性は、同時に最初の自発性である。そこでそれが構成される最初の志向性は、現在である。現在とは、精神の湧出そのもの、精神の自己自身への現前である。精神を縛らない現前、すなわち、印象は過ぎ去る。現在は変容し、その鋭さと現動性を失い、それに取って代わる新しい現在によって把持されるしかない。また、この新しい現在も、後退し、新しい過去把持において、新しい現在に結合され残り続ける。そして、この過去把持は一つの志向である。過去把持はいわば、過去の縁で自分が把持する瞬間を思惟する。この過去の縁において、瞬間は消失するが、想起によってそこで再び発見され、その結果過去把持は瞬間を明白に同一化する。かくして、各瞬間ごとに更新であり自由である持続が構成される。精神は、絶えずその湧出に対して自由である。精神は、フッサールが未来予持と呼ぶものによって、未来へと開かれている。それゆえ、時間は意識が外部からまとう形式ではない。時間は真に主観性の秘密そのもの、すなわち自由な精神の条件である。超越的対象に向けられた志向性とまったく同様に、時間は自由そのものを表現している[11]」。一九四〇年のこの論文で言及された「原印象」の問題は、それを明確に「意識の起源」と定義しているところから見ても、あの二四歳のレヴィナスとは違いが認められる。ここで存在論的差異の圏内からの突破の試みへの自覚があったかどうかに関してははっきりとは言えないとしても、時間を「主観性の秘密」、「自由な精神の条件」として捉えている点で、戦後の問題への接近を見て取ることはできる。ここから更にレヴィナスは、二つの予備的考察の書、『実存から実存者へ』と『時間と他者』を経由して、二つの主著一九六一年の『全体性と無限』と一九七四年の『存在するとは別の仕方で、あるいは存在の彼方へ』へと向かうことになるが、ここで後のわれわれの議論を先取りして言えば、二つの予備的考察の作品と二つの主著との間には超えなければならない新たな障害がある。すなわち、二つの主著の立場、自己性の再定義としての主観性の方向転換や、自由な主体ではなく不自由な主体としての、他者への責任としてのコギト、つまり他者への責任があるがゆえに「我在り」と言うことができるような「対格としての私」への転換へと到達するためには、更にここでの新しい道であるイポスターズの断念が必要になるということである。それゆえ、時間を主観性の秘密や自由の条件と見るだけでは、依然としてそれは存在論的差異のうちにとどまっているにすぎないのである。こうした錯綜した事情を明らかにするために、これまでと同様に原印象や時間の超越という語を手がかりとして、今度は成熟したレヴィナスに取り組むことにしよう。

既に見たように、時間の超越の運動についての記述の不足に関して三〇年以上も後に語られることになる、『時間と他者』と『実存から実存者へ』において、これとは別に、レヴィナス自身によってむしろその意義が積極的に強調されていたのは、「ある」の問題、すなわちイポスターズの問題である。もはや改めて言うまでもないが、「逃走について」の結論で、存在からの脱出の「新しい道」として予告されたのもこのイポスターズの問題であった。一体何がそこにあるのか。レヴィナスは、「自己を措定するという事実の内的構造」を解明するために、自我と自己の一致に対して、吐き気をはじめとする身体の感情による自我と自己とのズレを見出し、そこに逃走の可能性を探った。しかし、これは失敗に終わった。実は、イポスターズという考え方は、この失敗の原因となった存在者と存在との結びつきそのものを問題にするために導入された概念なのである。というのも、実存者が実存から逃走する運動よりも、実存者が実存と契約を結ぶ運動の方が先立っているからである。それゆえ、存在者なき存在においていかにして存在者が誕生するかを問うイポスターズの問題は、この結びつきをいったん分離し、存在者と存在との関係そのものを解明しようという試みなのである。要するに、存在論的差異を更に遡って、存在者と存在との分離において、この差異を基礎づけようとする試みなのである。しかし、この試みは存在論的差異の意味を明らかにすることにはなるが、存在論的差異の彼方の意味の解明という点では不十分である。なぜなら、この差異そのものを基礎づけるためには、今度は存在者の存在とその存在者の存在の彼方との差異にまで遡り、それらの差異、すなわち差異の差異をこそ問題にする必要があるからである。それが、三〇年以上も後に、二つの序文において、レヴィナス自身によって指摘された、時間の超越や無限に関する言葉の意味である。しかし、もう少し丁寧に見ていこう。なぜなら、イポスターズという新しい道にはそれ以上の意味が込められていたからである。まだそれを簡単に放棄するわけにはいかない。

この新しい道の意味について簡単にまとめて言うと、次のようになる。「逃走」としての「存在からの脱出」においては他者も倫理も時間もなかったが、このイポスターズの方法論に関しては、成熟したレヴィナスの思想である絶対的他性としての他者との関係としての時間という考え方がはっきりと認められる。それは、いわゆるレヴィナスの時間としての他者論の始まりでもある。また、存在者と存在とを切り離し、存在者なき存在としての「イリヤ」、「ある」において、主体、意識、現在、世界等の誕生を問う、イポスターズの純粋な出来事を取り上げることは、現象学の彼方を目指すことでもある。それこそまさに、還元された「原印象」の問題であり、他者との関係そのものとしての時間、脱自的・共時的時間、サンクロニーではなく、過ぎ去って還らない時間、通過時的時間としてのディアクロニーの問題である。しかし、先に既に指摘したように、この点については、二つの著作においてはいまだ途上にあると言わざるをえない。これらが予備的考察にとどまる所以である。

レヴィナスは、「イポスターズされた時間、存在する時間」と、「実存することと実存するものとの間で図式的機能を果たす時間、イポスターズの純粋な出来事としての時間」との違いに触れた後、次のように言う。「現在を実存するものの実存することに対する支配として措定することによって、また実存することから実存するものへの移行を探究することによって、われわれはもはや経験と呼ぶことができない探究の一次元に身を置く。そしてもし現象学が根本的経験の一方法でしかないとすれば、われわれは現象学の彼方にいることになる。もっとも、現在のイポスターズは、イポスターズの一つの契機でしかない。すなわち、時間は実存することと実存するものとの間のもう一つの関係を示すのである。もっと後で、われわれにわれわれの他人との関係の出来事そのものとして現われ、われわれに現在の一元論的イポスターズを超出する多元論的実存への到達を可能にするのは、時間なのである(12)」。今、二つの時間が区別された。別の言い方をすれば、時間には二つの様態がある。一つはイポスターズされた時間であり、もう一つはイポスターズの純粋な出来事としての時間である。メルロ゠ポンティ流の言い方をすれば、構成された時間、触発された時間と、構成する時間、触発する時間との区別である。ただ、レヴィナスは、このイポスターズの純粋な出来事としての時間に、脱自としての存在者化とは異なる別の可能性を見ている。それが他人との関係なのである。つまり、時間とは他人との関係そのものなのである。しかし、この『時間と他者』の段階では、この他人との関係としての時間が十分展開されたとは言いがたい。なぜなら、二つの時間の様態の区別が、存在者化する存在者の存在としての時間と存在者化された存在者の時間との区別にとどまっていたからである。われわれは、ここに、イポスターズというプロブレマティークそのものの限界を見る。時間の超越の運動の記述をするためには、存在者の存在としての存在と、その存在の存在者化としての存在者というイポスターズとイポスターズ化という枠組みを離れる必要があったのではないか。それを記述するためには、イポスターズとは別の仕方が必要だったのではないか。

このような現象学の彼方は、別の形でも現われていた。今度はハイデガーである。「了解によってくまなく照らし出された、ハイデガーの気遣い（たとえ了解そのものが気遣いとして与えられるとしても）は、既に、光の特徴である〈内部—外部〉構造によって規定されている。ハイデガーの時間性は、認識ではなく、一つの脱自、〈自己の外に在ること〉である。何らテオーリアの超越ではなく、既に、内部から外部へと出ることである。実存は、ハイデガーの場合、内部から外部へと向かう運動にとどまる。ただし、この同じハイデガーこそが、〈主観—客観〉作用を超えた、内部性と外部性の作用の究極的かつ普遍的本質を、その最も深い形で把握したのであり、観念論的および実在論的哲学は、逆に、この内部性と外部性の作用を、〈主観—客観〉作用へと還元してしまったのである[13]」。ここまではよい。これは、先にわれわれが引用した一九三二年の文章とほとんど同じである。問題はこの先である。続けてレヴィナスは次のように言う。「この考え方の独自性は、このような脱自のなかに、魂の何らかの特性以上のものを、しかしそれによって実存が実存するところのものを見ている点にある。脱自は、対象との関係ではなく、存在するという動詞、存在するという働きとの関係である。人間は、脱自によって、自分の実存を引き受ける。それゆえ、脱自とは、実存の出来事そのものであるということになる。しかし、そうなると、実存は世界や光と〈同時的〉である。われわれが『（身体の）定位』から出発して提出してきた問いは、まさしく次の点を自問することにあった。すなわち、脱自が実存の本源的様態なのかどうか、また、一般に自我と存在との間の関係と呼ばれる関係が外部へと向かう運動なのかどうか、さらに、existerという動詞の接頭辞exはexisterという動詞の主語根なのかどうか、と」[14]。

この「実存する」という語をめぐって交わされた自問自答は、レヴィナスの「現象学の彼方」、「ハイデガー存在論の彼方」を考えるうえできわめて興味深いものがある。まずレヴィナスは、ハイデガーの「超越」の概念を高く評価する。「主観―客観」の関係は第一次的なものではなく、派生的関係にすぎない。それは、より根本的で普遍的な内と外との関係に基づいている。そして、この主―客の関係としての意識と対象との関係を可能にするのがハイデガーの言う超越、現存在の存在への超越である。つまり、ハイデガーが、自分の外へ出て、対象と関係するという意識の超越とは別の超越を見出した点では何ら問題はない。しかし、問題はここからである。すなわち、問題はこの超越の構造である。今見たように、レヴィナスによれば、ハイデガーの「超越」は依然として「内―外」の構造に規定されている。レヴィナスにとっては、このことが問題なのである。それをレヴィナスは「脱自（exstase）」と呼び、「自己の外に在ること」と定義した。そこから、レヴィナスの問いが生じる。「脱自が実存の本源的様態なのか」、と。また、はたして「自我と存在との関係が外部へと向かう運動なのか」、と。更に、「existerという動詞の接頭辞exはexisterという動詞の主語根なのか」、と。言うまでもなく、これらの問いがレヴィナスをして、存在論の彼方へと促したものにほかならない。また、これらの問いは、正しく、存在論的差異の意味の解明ではなく、存在論的差異の彼方の意味への問いと重なっている。もはや、存在者と存在との差異が問題ではない。もはや、脱自としての超越、同じく脱自としての時間も問題ではない。今度は、レヴィナスは、この脱自としての存在、脱自としての時間性に対して徹底的還元を行使し、存在論の彼方を問題の俎上にのせる。すなわち、今度は、存在することと存在することの彼方、存在と「存在の他」、存在と「存在とは別の仕方」との差異が問題なのである。そのために、レヴィナスはイポスターズの道を捨てたのである。

しかし、ここには一つの注意すべき点がある。それは、この時点でも、レヴィナスは既に、脱自とは異なる存在概念を示唆していたということである。それは、身体の「定位（position）」の概念である。先ほど引用した文章のすぐ前で、自己を超越することのない「定位」の働きに触れた後、レヴィナスは次のように言う。「自己を超越しないこの努力が、現在あるいは〈私〉を構成する。実存の概念に——そこでは第一音節にアクセントが置かれているが——われわれは、その到来そのものが自己への折り返し（repli）であるような存在の概念を対置する。それは、ある意味では、現代の思想の脱自主義に反して、一つの実体である[15]」。「折り返し」という、この自己を超越しない存在の概念をどのように考えるべきか。身体のコギト、身体の「我在り」に割り当てられた、この「定位」の概念がもたらす自己への「折り返し」としての自我の概念をアンリの内在の概念と同じものとみなすことはできないだろうか。例えば、ほぼ同じ時期に書かれた、メーヌ・ド・ビランの身体論を取り扱ったアンリの『身体の哲学と現象学』における「主観的身体」の運動のコギト、すなわち、「自己の元にとどまること」としての「我在り」と比較することはできないだろうか。しかし、そのためには、レヴィナスの身体概念についての詳しい検討が必要であろう。

以上のように、第二次世界大戦後に公刊された二つの著作において、レヴィナスは、今度はイポスターズとは別の仕方へと導かれていった。もはや問題は存在者と存在との差異ではない。改めて言うまでもなく、存在者の存在と存在者の存在の彼方との差異が問題なのである。「存在すること」と「存在することの彼方」の差異が問題なのである。更にもう一つ重要な点は、先に触れたように、レヴィナスは、目立たない仕方でではあるが、身体の「定位」において、脱自としての存在の概念とは別に、自己を超越することのない別種の存在概念を提出していた。しかし、ここでは、前者の問題に限定して、今度はあの二つの主著に問いかけることにしよう。身体の問題については機会を改めて取り上げることにする。

三

『全体性と無限』第一部「同じものと他なるもの」は、形而上学と超越の再定義から始まる。「『真の生はない』。しかし、われわれは世界内に存在している。形而上学は、この不在証明のなかで生じ、保たれる。それは、〈別のところ〉、〈別の仕方〉、そして〈他なるもの〉へ向けられている」[16]。このように、形而上学は、自己の外への運動、すなわち他性への運動である。要するに、それは自分の住み慣れた場所から「未知の自己の外」へと向かう運動にほかならない。ここで重要なのは、言うまでもなく、自己と他なるものとしての他者との関係の問題である。レヴィナスは、この運動に「渇望（Désir）」という語を当て、更にそれを形而上学的と形容する。しかし、これもまた、脱自としての超越ではないのか。それもまた、「内－外」の構造に規定され、主観－客観図式に解消されるのではないか。もちろん、そうではない。そのために、レヴィナスは「分離」と「超越」の概念を導入する。

まず、「渇望」が向かう他者は、世界に属してはいない。それは「絶対的に他なるもの」である。したがって、どのような仕方であれ、この形而上学的渇望は満たされることはない。なぜなら、それは「絶対的」だからである。それゆえ、渇望するものと他者は、どこまでいっても、同時的関係や相関関係や可逆的関係を作ることはありえない。両者の間には絶対的差異がある。レヴィナスは、この関係を、分離の関係、超越の関係と呼び、それを絶対的に他なるものとの関係とみなす。したがって、分離と超越の関係においては、「私」であれ何であれ、また認識の関係であれ、いかなる関係であれ、渇望する者による他なるものの吸収は起こりえない。もちろん、両者には何かを共有するということもない。しかし、それでは、このような分離と超越の関係において、両者はどのように関係するのだろうか。むしろ、関係は成り立たないのではないのか。分離や超越があって、共通なものを認めないとすると、そもそも関係そのものが不可能だということになるのではないか。

レヴィナスの答えは、デカルトの無限の観念によるものである。この答えにおいて、レヴィナスは脱自としての存在や脱自としての超越の概念から離れることになるが、それはどのようなものであろうか。それは、「同じものと他なるもの」の第五節「無限の観念としての超越」で示されている。すなわち、デカルトのコギトは、「それ（我思う）がどうしても内包することができず、しかも自分がそれから分離されている無限との間に、『無限の観念』と呼ばれる関係をもつ」[17]。よく知られているように、これは『省察』の第三省察での二つの神の存在証明のうち、あの最初の存在証明に依拠した議論である。「私」の魂のうちには、無限の観念が内在する。しかし、この観念は、他の観念のように、例えば、物体のそれや数学的なものや道徳的なものとは異なる。なぜなら、無限の観念は、「物体の観念の場合には、物体の『表現的』実在と『形相的』実在との全面的一致が排除されないのに対して、観念によって観念されたものが観念を超出するという点で例外的なもの」だからである。デカルトならば、ここから私の外に存在する無限なものとしての神の存在証明の問題になるのだが、レヴィナスはその問題には触れずに、「私」の思惟において内在する無限の観念から、それを超出する「絶対的に他なるもの」としての無限なものの超越性と「私」からの分離を主張する。なるほど、絶対的に他なるものとしての無限は、超越や分離において「私」を超えたものであるが、他方で「私」は「私」の思惟においてその観念をもつことで、「私」とこの絶対的に他なるものとの間に何らかの結びつきが生じることになる。この議論でのレヴィナスの狙いは、明確である。すなわち、予め、「私」と他なるものとの間の超越の関係、分離の関係によって、「同じもの」としての「私」による他者の同一化や共時化、つまり「同」による「他」の吸収の不可能性を保証し、また、思惟が常に自分の思惟する以上のことを思惟するがゆえに、「私」における無限の観念の内在から出発して、その観念を超出する「観念されたもの」としての無限なものの超越や絶対的他性を見出すというものである。それゆえ、この「同における他」の構造が、実は、脱自としての存在、脱自としての時間性の彼方への起点ともなっている。

そして、このような、観念と超越としての他なるものとの関係を最もよく表わしているのが、顔との関係である。レヴィナスによれば、顔とは「私のうちにある他者の観念を超出しつつ、他者が現前する仕方」であり、その性質によってではなく、それ自体として自己を表現する。また、このような顔の概念は、分離と超越とに対して重要な意味をもつ。それは、顔が「私」による意味付与に先立つ意味そのものであり、何であれ、「私」の自発性や権能によらない意味の発生であるという事態にほかならない。レヴィナスはまた、このような「他なるもの」としての顔との関係を、コミュニケーションとして、ディスクールとして、他者との話すという活動、すなわち、「言語活動(langage)」とみなす。『全体性と無限』では、他者との関係はこのような言語的関係であり、この関係において、絶対的に異なるものとしての他者への到達が可能であると考えられる。興味深いことに、レヴィナスは、『デカルト的省察』第五省察のフッサールの他者構成論、またハイデガーの「共同存在」における他者との関係、さらにデュルケームの「社会的なもの」による他者への到達、最後にブーバーの「我と汝」における自己と他者との相互的関係について、各々その不備を順次指摘した後、すなわち、対象の構成から他者の構成への突然の飛躍とアルター・エゴとしての他者の非他者性を、他者との関係を可能にする共同存在の存在論に基づく存在一般への解消を、社会的なもの、宗教的なものによる他者への到達の可能性とそれの集団的表象への最終的な還元を、そして「我と汝」における相互関係における他者との関係の非本源性や形式性を順次指摘した後で、次のように言う。「『他なるもの』を知り『他なるもの』に到達しようとする欲求は、他人との関係において果たされる。この関係は、その本質が呼びかけであり呼格であるような言語の関係に流れ込む(18)」。したがって、「絶対的に他なるもの」としての他者との関係は、その本質が呼びかけにある言語活動にほかならない。言語の関係において、分離と超越によって絶対的に隔てられた他者は、分離された存在としての

「私」からの呼びかけによって、異なるものとして、異邦人として、その異質性のうちに現われる。それはどこまでいっても異邦人であって、その隔たりが超出されることはない。言語とは、このような他者との関係そのものなのである。それゆえ、他者なしには言語はありえない。「言語の関係は、超越、根本的分離、対話者の異邦人性、『他なるもの』の我れへの啓示を前提とする」(19)。

この言語の関係は、さらに第二の主著『存在するとは別の仕方で、あるいは存在の彼方へ』において、今度は、時間の超越、すなわちディアクロニーとしての時間において展開される。われわれは、ここでようやく、レヴィナスの「存在からの脱出」というテーマの最終的な形態を見ることになる。存在者と存在との存在論的差異の意味への問いはもはや問題ではない。問題は、存在者の存在としての「存在すること」と「存在することの彼方」との差異にあるからである。それをレヴィナスは「存在の他」への、「存在の彼方」への移行、すなわち脱自としての存在とは異なるものへの移行とみなす。言い換えれば、それは、時間の超越の運動による、現象学の彼方への移行であると同時に存在論の彼方への、存在論的差異の彼方への移行にほかならない。第二の主著では、超越はこのような彼方への移行、「存在の他」への移行として定義し直される。したがって、レヴィナスにおいて、二つの差異があることになる。一つは存在者と存在との差異、いわゆる存在論的差異であり、もう一つはこの存在論的差異を超えた差異、つまり存在することと存在することの彼方との差異である。これを更に時間の言葉で言えば、脱自としての時間性、共時態としての時間性と、過ぎ去って決して還ってくることのない通過時態、ディアクロニーとしての時間性との差異である。

それでは、ここでレヴィナスの言う「超越」としての「存在の他」への移行は、いかにして可能であろうか。答えは二つある。既に述べたように、一つは言語活動、すなわち、この第二の主著では、「言われたこと（le dit）」から区別された「言うこと（le dire）」であり、もう一つはディアクロニーとしての時間である。存在者と存在との区別は「言われたこと」と「言うこと」との区別に対応するが、この存在者の存在としての「言うこと」には、実は、二つの意味がある。すなわち、存在者としての「言われたこと」と同一的、同時的な「言うこと」と、存在に回帰することのない、存在の彼方、存在の他へ向かう「言うこと」の二つである。もちろん、後者の、存在に回帰することのない「言うこと」、言い換えれば、「言われたこと」と相関関係にあるような「言うこと」ではなく、この関係からはみ出し、それを超出する「言うこと」が問題である。しかし、この問題は見かけほど単純ではない。ちょうど、メルロ＝ポンティにおいて、構成する時間、触発する時間が、構成される時間、触発される時間に触れることによって成立するように、「言うこと」もまた「言われたこと」において現出することになるからである。そうなると、この「言うこと」の存在の彼方は、存在へと回帰し、「言われたこと」との同時性において存在者化の道を辿らざるをえなくなる。これでは、「言うこと」の「存在するとは別の仕方」は、再び「言われたこと」に結合し、それとの同時性や相関関係において、「別の仕方で存在する」ことへと変容してしまう。一体何が問題なのだろうか。

もう一度考え直してみよう。問いを改めて定式化し直すと、次のようになる。すなわち、存在することの彼方を「彼方」として、存在することの他を「他」として取り出すことはいかにして可能か。ここでレヴィナスは、現象学に立ち返って、時間の時間化の問題を取り上げる。言語化の作用の場合と同様に、存在者の存在としての構成する時間の時間化にも二つの意味があった。一つは、存在者化された時間、構成された時間と同時的に成立する、共時化として時間化、すなわちサンクロニーとしての時間である。そして、もう一つは、これに逆らう、決して存在者化されない時間の経過、ディアクロニーである。これら二つの意味について、レヴィナスは次のように言う。「時間は存在することであり、存在することの示現である。時間の時間化において、光は時間の流れがそうであるところの瞬間のそれ自身に対する位相差、すなわち、同一的なものの差異を通して生じる。同一的なものの差異はまた、その同一的なものの顕現である。しかし、時間はまたあらゆる隔たりの取り返しでもある。すなわち、過去把持によって、記憶によって、歴史によって。過去把持、記憶、そして歴史によって何ものも失われることなく、すべてが現前あるいは再現前し、すべてが書き留められ、エクリチュールに任され、ハイデガーならばそう言うように、あるいは総合され集約され、すべてが実体のうちに結晶化され、あるいは硬化されるような時間の時間化において、すなわち、取り戻すことのできる、失われた時間のない、失われるべき時間もない、そこで実体の存在が通過していく、そのような時間化において、回帰することのない時間の経過、あらゆる共時化に逆らうディアクロニー、超越的ディアクロニーが表示されなければならない(20)」。

この同時性、共時態としての時間から区別された、過ぎて還らない、通過時態、超越的ディアクロニー、レヴィナスにとって、それこそが絶対的に他なるものとの関係そのものである。それこそが、存在論的差異の意味を超えた、存在論的差異の彼方の意味、すなわち、他者としての無限の意味なのである。それはまた、あらゆる意味に先立つ意味の発生であり、そして、このもはや時間ならざるディアクロニーとしての時間の経過、絶対的他性そのものとの関係が他者に対する責任なのである。それゆえ、この他者に対する責任は、私の自由や私の約束や私の意志や私の時間から始まったものではない。なぜなら、事態はむしろ逆であり、この他者に対する責任が存在論的に先なるものであり、そこで初めて、私の自由や私の意志や私の約束が始まるからである。それゆえ、このディアクロニーはまた、主体の主体性の再定義へとわれわれを導く。レヴィナスの場合、超越としての他者に対して責任があるがゆえに「我在り」が成立するであって、その逆ではない。「我在り」は私が思うがゆえに成り立つのではなく、それに先立つ他者との関係において、私の意志とは関わりなしに、「唯一者」としてのこの「私」に責任があるがゆえに可能なのである。このようなレヴィナスのコギトにおいては、「私」は、他に代わることのできない「唯一者」として、他者からの呼びかけに不可避的に応答せざるを得ない責任の主体として、主格としてのヘーゲル的、サルトル的「私」から区別された対格としての「自己自身」として、他者への「身代わり」として存在する。要するに、私の意志とは別に、能動受動の区別を超えた根源的受動性において、過ぎて還らないディアクロニーとしての絶対的な他者に対する責任において、「自己自身」としての「私」が成立する。(21)

最後に本章における論考の締めくくりに、レヴィナスによって解釈された、フッサールの「生き生きとした現在」、並びに「原印象」、すなわち、知覚作用と知覚対象との完全な一致や同時性としての原印象について彼自身が触れた文章を引こう。この一節はまた、奇妙なタイトルをもつこの第二の主著の狙いを最もよく表わしたものでもある。「『生き生きとした現在』のそれ自身との同一性の位相変化、諸々の位相の位相変化、すなわち、流れることとは、過去把持と未来予持の志向性に従って、『生き生きとした現在』から出発して散り散りになる諸変容の多様性を集約する。フッサールにおける感性の時間は、回収可能なものの時間である。原印象の非志向性は意識の欠如ではないということ――何ものも秘密裡に存在に行き着くことができないということ、何ものも意識の糸を断ち切ることができないということ――、そうしたことによって、還元不可能なディアクロニーは時間から除外されるが、そのディアクロニーについての目下の研究は存在の〈明示（monstration）〉の背後にある意味作用を浮き彫りにしようという試みなのである」[22]。

今は亡き山形頼洋は、この、回収可能な時間に還元し得ない、先-時間としてのディアクロニーについての文章を次のように読み解いた。フッサールの感性の時間の回収可能性とは異なり、「生き生きとした現在」の原印象は、取り戻されたもの、すなわち回収されたものではなく、「取り戻すことのできるものですらない」のである。「しかしながら、原印象が取り戻しえないものであるということ、すなわち非志向的であるということは、それが無意識であるということを意味しない。そのことを『内的時間意識の現象学』「補遺Ⅸ」において確認した上で、取り戻しうるものの共時態を超えて、その源泉にある、共時態へと還元不可能な通時態（むしろ通過時態、diachronie）を、すなわち在ることの〈明示monstration〉の背後の意味作用を引き立てる」ことがレヴィナスのこの著作の企てである[23]。

第一次世界大戦の「戦後」から、もう一つの「戦後」を経て、レヴィナスの苦難の「存在からの脱出」の道程の到達点がここにある。それは正しく初期ハイデガーの存在論的差異を超えた差異を指し示している。時間が経過した。しかし、その時間は決して戻ってくることはない。それが時間の超越ということにほかならないからである。

註

（1） Cf. Jean-François Lavigne, Lévinas avant Lévinas: L'introducteur et le traducteur de Husserl, in Emmanuel Lévinas, *Positivité et transcendance, suivi de Lévinas et la phénoménologie*, PUF, 2000.
「レヴィナス以前のレヴィナス」という表現は、このラヴィーニュの論文のタイトルから借りたものである。この論文や最近のものでは、澤田哲生「若きレヴィナスにおける現象学――『フッサール現象学における直観理論』をめぐって――」『フランス哲学・思想研究』第一四号所収（日仏哲学会編、二〇一〇年）が、いわゆる若きレヴィナスの研究に関して参考になる。

（2） エマニュエル・レヴィナス／佐藤真理人・桑野耕三訳『フッサール現象学の直観理論』（法政大学出版局、一九九一年）の「訳者あとがき」を参照。佐藤真理人のこの文章は、この時期のレヴィナスの哲学やその後の彼の哲学の展開を考えるうえで参考になった。

（3） Emmanuel Lévinas, *Théorie de l'intuition dans la phénoménologie de Husserl* (1930), J. Vrin, 1978, p. 216.

（4） *Ibid.*

（5） *Ibid.*, p. 65.

（6） *Ibid.*, p. 196.

（7） Emmanuel Lévinas, *Le temps et l'autre*, PUF, 1983, p. 11.

（8） Emmanuel Lévinas, *De l'existence à l'existant*, J. Vrin, 1981, p. 11.

（9） Emmuel Lévinas, *En découvrant l'existence avec Husserl et Heidegger*, J. Vrin, 1974, pp. 65-66.

（10） この点についての詳しい論述は、以下の拙稿「存在からの脱出と身体の諸感情」『倫理学研究』第三八号（関西倫理学会編、二〇〇八年）所収を参照のこと。なお、本書第4章を参照のこと。

（11）Emmanuel Lévinas, *op. cit.*, p. 41.

（12）Emmanuel Lévinas, *Le temps et l'autre*, p. 34.

（13）Emmanuel Lévinas, *De l'existence à l'existant*, pp. 138-139.

（14）*Ibid.*, p. 139.

（15）*Ibid.*, p. 138.

（16）Emmanuel Lévinas, *Totalité et Infini*, Martinus Nijhoff, 1980, p. 3.

（17）*Ibid.*, p. 19.

（18）*Ibid.*, p. 41.

（19）*Ibid.*, p. 45.

（20）Emmanuel Lévinas, *Autrement qu'être ou au-delà de l'essence*, Martinus Nijhoff, 1978, p. 11.

（21）レヴィナスの主体の主体性をめぐる詳しい議論については、拙著『現象学と見えないもの』（晃洋書房、二〇〇一年）の第六章第二節「志向性と他者」を参照のこと。なお、本書第1章を参照のこと。

（22）Emmanuel Lévinas, *op. cit.*, pp. 42-43.

（23）山形頼洋「生き生きとした現在と傷つきやすさ――情感性と他者――」『媒体性の現象学』（青土社、二〇〇二年）二五九頁。

第6章　他者から無限へ
——レヴィナスの時間論——

レヴィナスにおいて、時間論と他者論とはどのような関係にあるのだろうか。本章では、この問いを手がかりにして、レヴィナスの時間論について考えてみたい。

よく知られているように、レヴィナスの時間論の独自性は、時間の問題が自我論の枠組みにおいてではなく、相互主観性のそれにおいて、すなわち他者との関係において論じられている点にある。彼の著作のタイトルが示すように、それは文字通り「時間と他者」の問題なのである。しかし、ごく素朴な言い方をすれば、なぜ「時間と他者」なのだろうか。なぜ、時間の問題と他者との関係の問題とが結び付けられなければならないのだろうか。

この問題をレヴィナス自身の言葉で整理するために、よく知られた一文を引こう。「われわれが提示する研究は、予備的性格をもつ。そこでは、善の問題、時間、そして善に向かう運動としての他人との関係に捧げられた、より広範な探究のうちのいくつかのテーマが概観され、簡単に触れられている。善を存在の彼方に位置づけるプラトンの定式が、これらの研究を導く最も一般的で空虚な指標である」[1]。これは、レヴィナスの第二次大戦後の最初の著作である『実存から実存者へ』の「はじめに」の一節である。ここでは、時間の問題は、善や他人との関係の問題と同列に置かれている。しかし、後に見るように、むしろ時間の問題はこれらの問題にあってむしろその中心を占めるべき最も重要なものである。

もう一つ、これもよく知られた同時期の著作の一節を引こう。「これらの講演の目的は、時間が孤立した単独の主体の事実ではなく、他者と主体との関係そのものであることを示すことにある」[2]。これは『時間と他者』の「対象とプラン」の最初の一文である。ここでは、先に述べたように、時間は他者との関係において取り上げられるだけではなく、それ以上にもっと踏み込んで他者との関係そのものとして論じられることになると予告されている。続けてレヴィナスは、このテーゼは社会学的な含意をもつものではないと断ったうえで、「われわれの時間の観念が問題ではなく、時間そのものが問題である」と述べる[3]。われわれもここから始めよう。

論述の手順は、以下の通りである。最初にわれわれは、『実存から実存者へ』において、時間論と他者論とがどのような関係にあるかを探る。しかし、この著作では、他者との関係としての時間という考え方は示されるが、それは「対面」における相互主観性の問題にまで、レヴィナスの言い方では、「非対称的な相互主観性」の問題の展開にまで深められることはない。それゆえ、第二節では、エロス論、愛撫の問題、多産性の概念に基づく父と子の問題が扱われる『時間と他者』と『全体性と無限』とを取り上げる。これらの議論を通してわれわれは、今度は、レヴィナスの時間論についての最初のテーゼである、他者との関係としての時間という結論を確認し、その意味を検討する。なお、ついでに言えば、最初の主著である『全体性と無限』においても、他者との関係としての時間という考え方は基本的には何ら変わってはいない。そして最後に、この著作以降に着手された、レヴィナスが言うところの「超越のテーマ」の諸研究による成果、すなわち他者への関係と自我の「自我性」の方向転換から出発して手に入れた、無限への関係としての時間という最終的な考え方へのレヴィナス自身の歩みを提示する。いわゆる、「通過時態（dia-chronie）」の問題である。したがって、レヴィナスの時間論として最終的に問われなければならないのは、このディアクロニーとしての時間性の概念なのである。

結論を先取りして言えば、レヴィナスの時間論は、『実存から実存者へ』において提示される二つの時間の区別、「経済の時間」、「正義の時間」と「贖罪の時間」、「死と復活の時間」との区別が基本的に維持され、内容的にその理解の度合が深まるにつれ、今度は二つの時間性、すなわち、「サンクロニー」と「ディアクロニー」との区別や対立として論じられることになる。この構図は、レヴィナス哲学の要約とも言える、晩年の「ディアクロニーと再現前化」に至るまで変わることはないが、われわれが最後に指摘するように、そこにはまたいくつかの困難も認められる。

一

始まりは、『実存から実存者へ』である。周知のように、ハイデガーの存在論的差異の二つの項の転倒をすぐさまわれわれに想起させるこの著作のタイトルは、多くの示唆に富んでいる。レヴィナスの場合、全体として本のタイトルは実に多くの事を物語っているのだが、難解をもって知られた、この記念碑的著作に関しても同様である。レヴィナス自身の言葉を聞こう。「『実存者（l'existant）』、すなわち人間という存在者のなかに、また『存在者の存在者性（étantité de l'étant）』とハイデガーに呼ばれることになるもののなかに、存在の隠れや『隠蔽』を垣間見るのではなく、善へと向かう、そして神への関係へと向かう、一つの段階を垣間見ることは、また諸存在者の間の関係のなかに、『迎えつつある形而上学の終焉』とは別のものを垣間見ることは、あの有名なハイデガー的差異の両項を単に転倒して、存在に代えて存在者を特権化することを意味するものではない(4)」。したがって、『実存から実存者へ』という標題だけ見ても、レヴィナスの哲学的歩みの主要な問題を要約していることになる。つまり、レヴィナスの狙いは、あくまでも、人間の実存において、とりわけ人間と人間との関係において、ハイデガーのような存在の問題ではなく、善や神への関係へと向かう一段階を見て取ることにある。それゆえ、他者との関係は、善や神への関係への歩みのなかに位置づけられなければならない。それが、レヴィナスの言う、「存在論よりも古い倫理」へと自己を開くことで、「存在論的差異の彼方」の諸々の意味を、要するに「無限の意味そのもの」を開示する運動の第一歩なのである(5)。われわれはまず、このレヴィナスの狙いを、すなわち、ハイデガーの存在論的差異に対する『実存から実存者へ』におけるこの転倒に基づいて、存在者間の他者への関係から善や神への関係へと向かうこの歩みの狙いを、無限への関係へと向かうこの歩みの狙いを、銘記しておく必要がある。というのも、こうした歩みそのものこそが時間の問題だったからである。

したがって、ここでのわれわれの言い方をすれば、レヴィナスの時間論を取り上げるにあたっては、他者との関係としての時間から、無限への関係としての時間への歩みという方向で検討を進めていかなければならない。しかし、言うまでもなく、すぐさま無限への関係としての時間が問題になるわけではない。まずは『実存から実存者へ』の第四章に当たる「イポスターズ」の第三節「時間へ」に問いかけ、他者との関係としての時間への歩みの概略を辿ろう。というのも、他者との関係としての時間という考え方自体が自明なものではないからである。

なぜ、他者との関係としての時間が自明ではないのか。哲学的に自明視されてきたのは、むしろ自我の、主体・主観の、「私」の、自己との関係としての時間だからである。時間は主観性の事実であって、それは他者との関係の問題ではない。それは相互主観性の問題とは無関係なのである。時間の問題に関するレヴィナスの試みの最初の狙いの意義は、まずそれをこの主観性の事実から切り離し、自我と時間との関係を他者と時間といったように他者との関係のプロブレマティークへと転換させることにある。すなわち、時間を作っているのは他者との関係であって、その逆ではない。時間は主観性の事実ではないというだけではなく、それは他者との関係なしには成り立たないのである。例えば、他者問題をめぐるメルロ＝ポンティの議論を見れば、こうした事情はよく解るだろう。メルロ＝ポンティは次のように言う。「私の生ける現在が、もはや私の生きているわけではない過去や、私がまだ生きてはいない未来へと開かれているように、それはまた私が生きてはいない諸々の時間性に開かれ、ある社会的地平をもつことができる(6)」。これは自他の関係をめぐるメルロ＝ポンティの最終的立場が最もよく現われている文章だが、彼はここで自他の関係を現在において絡み合う二つの時間性と見ている。他者が可能なのは、「私」の現在が未来や過去へと開かれていることによるのである。彼の議論では、「私」の現在としての時間が他者との関係を可能にしているのであって、その逆ではない。しかし、後に見るように、レヴィナスはメルロ＝ポンティとは反対の立場にたつ。レヴィナスは「私」の時間性を可能にしているのは、他者との関係であると考える。多くの現象学者とは反対に、レヴィナスは時間を他者との関係とみなしたのである。

「時間へ」は次の一節から始まる。「これらの研究を導くのは、時間についての考え方という根本的テーマであるが、われわれは、時間が、現在において果たされる存在との関係の不十全性を表わすものではなく、瞬間によって成し遂げられるその決定的接触の過剰さを治療すべく要求されていると考える(7)」。続けてレヴィナスは、存在とは別次元にある「持続」が、存在を破壊することなしに、「存在の悲劇を解決する」と言う。その意味では、『実存から実存者へ』という著作は不完全な書物である。というのも、時間のテーマの展開はごく概略的にしか触れられなかったからである。ここではレヴィナスは、持続の問題に至るどころか、他者との関係としての時間の問題を展開するはずだった相互主観性の問題の入り口に立ったにすぎない。しかし、このことがかえって、われわれに、レヴィナスにおける「時間の考え方という根本的テーマ」の問題の所在を示してもいる。

第三節のレヴィナスの論述の中心にあるのは、戦前の代表作の一つ、「逃走について」における「自我と自己との同一性」の議論である。この同一性は「存在の同一性」とも言われているが、ここでは紙幅の関係上深入りを避けて必要最低限の引用にとどめておく。「逃走について」において、この同一性の問題いうその本性を露にする。というのも、それは苦しみという形で現われ、逃走へと誘うからである[8]。要するに、ここで問題になっている逃走とは、自己自身から脱出しようとする欲求であり、「自我と自己自身であることという事実」、すなわち自我と自己とが鎖でつながれてあることという事実の破壊への欲求である。レヴィナスは「逃走について」の段階では、この脱出への欲求の可能性を身体の諸感情である不快感、快楽、羞恥、吐き気などの分析を通して探ったのであるが、戦後の第一作である『実存から実存者へ』では、存在からの脱出の問題、すなわち「自我と自己との同一性」からの脱出の問題は、イポスターズのプロブレマティークにおいて、そして存在者なき存在における存在者の出現としての「定位(position)」のプロブレマティークにおいて、今度は時間の問題へと深められたのである[9]。もちろん、その狙いは、「現在」に収斂しないイポスターズの多元的意味を探り、そこに存在からの脱出の経路を見出すことにある。具体的には、「時間へ」では、この存在からの脱出、自我と自己との分離の問題は、「実体としての『自我(moi)』と知」から、「同一化と自己へと鎖でつながれてあることとしての『自我』」へと展開され、「自由の思考と時間」という節において、ハイデガーの「無化」の出来事ではなく、存在の「充溢」のなかで主体の存在論的状況によって生起する自由の思考について触れた後、次のように言われる。「しかし、アンガージュマンに対する自由ではなく、単なる自由の希望であることの思考はもう一つの次元の閉じられた扉を叩く。この思考は、そこでは決定的なものは何もなく、『私(je)』の決定的主体性とは対照をなしている実存の一様態を予感している。われわれは今しがた時間の次元を指示したばかりであ次のようになる。この文章を少しだけパラフレーズすれば、次のようになる[10]」。主体の存在論的状況のもとでの自由の誕生は、同時に「現在」、「主体」、「世界」等の誕生のことでもあるが、それらはすべてイポスターズの出来事そのものである。しかし、今レヴィナスは、そこに別の次元の出来事を見出したのである。それが時間という次元なのである。要するに、「逃走について」では、自我と自己の同一性、鎖でつながれてあることからの逃走、すなわち存在からの脱出は、身体の諸感情の分析に求められたが、この「時間へ」では、イポスターズの出来事の分析から、「自己」へと回帰しない、イポスターズの多元的意味の探究へと向かい、そこにレヴィナスは時間という別の脱出の道を発見したということである。

しかし、レヴィナスの言うように、「未来を開始させるためには、希望を抱くだけでは十分ではない[11]」。それゆえ、時間の問題をもっと掘り下げなければならない。続いてレヴィナスは、「贖罪の時間と正義の時間」において、二つの時間を区別する。すなわち、「経済の時間」、「正義の時間」と「贖罪の時間」、「死と復活の時間」とである。二つの時間の区別に当たって、まず「希望（espoir）」の問題が取り上げられる。レヴィナスは、「希望」について次のように述べる。「希望が希望であるのは、それが許されない時である。ところで、希望の瞬間において取り返しがつかないもの、それはその希望の現在そのものである。未来は現在において苦しんでいる主体に慰めや補償をもたらすことはできるが、現在の苦しみそのものは、そのこだまが空間の永遠性にいつまでも反響することになる一つの叫びのように残り続ける。世界におけるわれわれの生にならって作られた時間の考え方、以下のいくつかの理由で、われわれが経済の時間と呼ぶような時間の考え方においては少なくとも事情はそうである[12]」。したがって、まず、この「経済の時間」、この世界内存在の時間の構造と意味とを明らかにしなければならない。

今、「希望の瞬間において取り返しがつかないもの」とは「希望の現在そのもの」であった。なぜ、取り返しがつかないのか。希望の瞬間とは希望の許されていない瞬間、すなわち苦悩の瞬間であるが、希望はこの苦悩の瞬間からの解放に向けられている。しかし、この解放は、希望の現在においては到来することはない。というのも、解放が到来しないがゆえに、希望だったからである。それでは、解放はいつどこで実現するのか。それは未だない瞬間においてである。「経済の時間」の構造と意味はここにある。この未だない瞬間による苦悩の現在の解放、すなわち経済の時間による救済は、真の救済である希望の現在の苦悩そのものの解放ではなく、救済の繰り延べであり延期でしかない。もはや説明するまでもなく、この論理こそ、労働や生産や蓄積などの用語でこの事態を語れば、経済学のロジックになるだろう。「経済の時間」にあっては、労働や努力に対する代価として、つまり報酬や補償として対象が与えられる。その結果、現在の労苦は、その見返りに報酬を獲得することで埋め合わされる。この時間を支配するのは、瞬間の等価交換の原理である。あらゆる瞬間は等価であり、それゆえ世界内の諸対象とも交換可能である。今の苦しみは次の喜びとしての報酬によって補償されることで、辻褄が合うことになる。したがって、「経済の時間」は「公平」を原理とする「正義の時間」とも呼ばれうる。それは「世界の時間」、正確には世界内存在の時間なのである。

しかし、これは奇妙な事態ではないだろうか。現在の瞬間の労苦は、交換できるものだろうか。それは他のものによって贖われるものだろうか。「経済の時間」は、一つひとつの瞬間を他の一つひとつの瞬間に置き換え可能であるとの前提にたつ。この時間は、世界におけるわれわれの経済活動を支配しているだけではなく、もっと深刻なのはわれわれの物質的生はもちろんのこと、希望や救済や贖罪といった世界の外の生をも支配しているという事実である。「経済の時間」や「正義の時間」の支配下にあっては、もはやあの「瞬間が成し遂げる決定的接触の過剰を治療すべく要求される」時間は存在しない。ここには、時間による治療も救済もない。しかも、この事態が絶望的なのは、「経済の時間」が道具や文明の時間でもあるという点である。しかし、救いがない訳ではない。それは、世界内存在だけがわれわれの存在ではないということである。

レヴィナスは、このような「経済の時間」に対して「贖罪の時間」を対置する。「贖罪の時間」にあっては、現在の瞬間が他の瞬間によって補償されることはない。「贖罪の時間」とは、現在の瞬間がそれ自体において価値と意味とをもつ時間である。それでは、この時間において、今度は、希望や未来はどのように考えられるだろうか。確かに、労苦を償うことのできる正義は存在しない。また、「経済の時間」とは異なり、未来の報酬は現在の努力を汲み尽くすことはできない。しかし、「贖罪の時間」において、希望や未来はこれとは異なる意味を獲得する。要するに、希望は償いえないものの償いの希望として、また未来は現在の復活としての未来として意味をもつのである。その意味で、死は復活なしには十分ではない。

今度は「贖罪の時間」、「死と復活の時間」についての決定的な一節を引こう。レヴィナスは、時間の本質が現在の瞬間の救済にあること、またその復活にあることを述べた後、「『私』と時間」の初めに、次のように言う。「われわれは時間がまさしくそのようなものである〔現在の瞬間の救済である〕と考える。『次の瞬間』と呼ばれるものは、瞬間のうちに固定された実存の解消不可能な関わりの解消であり、『私』の復活なのである。われわれは、『私』が自己同一的で許されていないものとして次の瞬間に入りこんで、その新しさが『私』を『私』の自己への鎖でつながれてあることから解き放つことのない新しい経験をするというようには考えない。そうではなくて、空虚な間隔における『私』の死が新しい誕生の条件であり、『私』に開かれてくる『他の場所』が単に一つの『転地』ではなく、『自己という場所とは異なる場所』になるだろうと考える。しかし、だからと言って、『私』は非人称的なものや永遠的なものに沈みこむというわけではない[13]」。難解きわまりない文章であるが、レヴィナスがここで言う時間、すなわち「贖罪の時間」、「死と復活の時間」とは、世界内存在の時間としての「経済の時間」よりももっと根本的で掛け替えのない瞬間の復活として生きられている時間であり、そこで「私」が一つの瞬間から他の瞬間へと入りこみ、死と復活とを経験する時間なのである[14]。

ここから更にレヴィナスは次のように述べる。「問題は、時間の出来事が代替不可能な瞬間の復活としてもっと深いところで生きられることができないかどうかを自問することである。われわれは『私』を時間のなかを流れる『私』の代わりに、現在における時間の素因として、時間のダイナミズムとして措定する[15]」。また、次のようにも言う。「存在の『人称性』は存在が時間を必要としているという事態そのものであり、それはちょうど存在がそれによって他なるものとして再び始まる瞬間そのものにおいて奇跡的な多産性を必要とするのと同じである[16]」。しかし、この「他なるもの」、「他性」を存在は自分で獲得することができない。われわれは、自分の力では自我と自己との同一性の鎖を断ち切ることはできないのである。したがって、救済は「私」以外のところから、「私」とは異なるものから到来する。つまり、他者からである。それゆえ、今度は、「時間と他者」なのである。

『時間と他者』の最初の一文は次のようなものである。「実際、単独の主体において、時間はいかにして出現するだろうか。単独の主体は自己を否定しえないし、無をもたない。他の瞬間の絶対的他性は――時間が足踏みの錯覚でないとして――決定的に自分自身であるような主体においては見出されえない。この他性は他人からしか私に到来することはない。社会性は、われわれの時間表象の源泉であるというよりも、時間そのものなのではないか」[17]。ここには、『実存から実存者へ』におけるレヴィナスの時間の考え方の明確な要約がある。結局、時間は「私」の外からやって来る。すなわち、他者から到来する。その意味で、時間は単独の主体の業ではなく、他者との関係の、社会性の業である。したがって、時間は他者との関係によって構成されることになるが、より正確に言えば、他者との関係こそが時間なのである。その意味で、レヴィナスは、ベルクソンともハイデガーとも異なる。彼らを含めて、伝統的哲学は、時間の考え方において、二つの立場にしか立つことはないからである。すなわち、主体に対して外的な対象としての時間か、あるいは主体に完全に包摂されてしまう時間か。両者に共通しているのは、単独の主体において時間を考えるという仕方である。他者の他者性の誤認である。決定的な一節。「古典的哲学は、自己を否定することにあるのではなく、その存在が他人の他性そのものによって赦されてあるような自由を見逃してきた」[18]。この一文は、レヴィナスの哲学が自己の力によってではなく、他者の他者性の力によって、他者の恩恵によって成り立つ哲学であることを端的に示している。

したがって、レヴィナスの時間論は、他者の他者性の否定に至る「他者と共に」から、「仲介をもたない、媒介のない関係の恐るべき対面（face-à-face）[19]」へと向かうことになる。「時間へ」の最後の節「他者と共にと他者に面して」は、他者との関係に関して、この「共に」の哲学と「面して」の哲学とのせめぎ合いを記述したものである。レヴィナスの狙いは、「面して」に基づいて、相互主観性の問題のプロブレマティークを改変することである。それが「エロス」概念による、「他者の近しさ」や性差に基づく愛の問題であり、「多産性（fécondité）」という概念で展開される父と子の関係論なのである。しかし、これらの相互主観性に属す問題、われわれが問題にする時間論という観点から見れば、他者との関係としての時間という問題は、翌年に公刊された『時間と他者』に持ち越される。『実存から実存者へ』の最後の一文を引いて、われわれのこの第一節の締めくくりとしよう。「非対称的な相互主観性は一つの超越の場所であり、ここでは主体が自分の主体としての構造を保ちながら、否応無しに自己自身へと還帰するということなしに多産であるという可能性、先取りして言えば、息子を手にするという可能性をもつ[20]」。

二

改めて言うまでもないが、『時間と他者』の目的は、時間を単独の主体の自分自身との関係においてではなく、他者との関係そのものとして示すことにある。時間についてのこうした考え方は、前節で見たように、『実存から実存者へ』での「時間へ」において試みた時間に関する検討の延長上にある。今度は、非対称的な相互主観性の詳しい検討のなかで、他者との関係としての時間というレヴィナスの考え方が具体的に提示されることになる。しかも、この検討は最初の主著『全体性と無限』の第四部「顔の彼方」へと延長されるが、後に見るように、「愛」の問題、「エロス」、「多産性」、「父と子の関係」など、基本的には戦後すぐの二つの著作とあまり変化は見られない。最初に『時間と他者』を取り上げ、それから同じ問題について『全体性と無限』の論述を見てみよう。

『時間と他者』では、主に実存と時間の問題が取り上げられる。実存の問題ではレヴィナスはまずハイデガーの存在論的差異に注目し、この存在者と存在との差異を「被投性」の概念を使ってさらに分離にまでもたらし、そこから「ある(il y a)」と「イポスターズ(hypostase)」の問題が詳しく論じられるが、他方、時間は、非対称的な相互主観性の問題、すなわち他者との関係の問題として主題的に論じられる。これらの試みの意味を端的に要約すると、存在者なき存在としての「ある」において、そこに存在者が誕生するイポスターズの出来事を問題にすることによって、「ある」に回帰することのない、イポスターズの多元的意味を探り、そこから他者との関係そのものとしての時間へと到達するという目論見なのである。この試みをレヴィナス哲学全体から位置づけ直すと、どうなるか。その意味は、自我の存在の他者性なきエゴイズムに、他者との関係としての時間という他者性を、それも「絶対的に他なるもの」としての他者性を導入する試みであったということになるだろう。今は、この試みの成否については問わないが、イポスターズの問題に関して次の点だけは触れておかなければならない。それは、イポスターズの出来事に関して、二つの時間が区別されるということである。一つはイポスターズされた時間、すなわち「存在する時間」であり、もう一つは「実存することと実存するものとの間で果たされる自分の図式的機能における時間」、すなわち「イポスターズの純粋な出来事としての時間」である[21]。もちろん、問題は後者の時間である。それでは、なぜこの「純粋な出来事としての時間」が重要なのだろうか。めずらしくレヴィナス自身明確に語っている。「そのうえ、現在のイポスターズは、イポスターズの一つの運動でしかない。時間は、実存することと実存するものとの間のもう一つの関係を指示しうる。時間こそ、われわれと他人との関係の出来事そのものとしてもっと後でわれわれに現われるのであり、そうであればこそ、われわれは、時間によって、現在の一元論的なイポスターズを超出する多元論的実存に到達しうるのである[22]」。「もっと後に」示されることになる、この「他人との出来事そのもの」としての時間、これこそがレヴィナスによって探究された「イポスターズの純粋な出来事としての時間」という実存と実存者との間のもう一つの関係なのである。少し議論のテンポを速めると、それが「エロス」や「愛撫」や「多産性」の問題だったのである。存在からの脱出という戦前から継続されたテーマは、ここではっきりと非対称的な相互主観性としての時間という他者への関係の形を取ることになったのである。

他者との関係としての時間を検討するために、まず「エロス」の問題から始めよう。「エロス」の一つ前の節「力と他人との関係」において、レヴィナスは改めて相互主観性の非対称性について触れ、終わりに「正義（justice）」と「慈悲（charité）」の本質的差異に関して、次のように言う。「慈悲と正義の間の本質的差異は、慈悲のもつ他人への優先権に由来するのではないだろうか。それに対して、正義の観点では、いかなる優先権もありえない[23]」。レヴィナスの言う「愛」の関係にあっては、「私」と他者は同格ではありえない。他者は「私」に対して常に優先権をもつのであり、他者の前では「私」の存在のエゴイズムは何ものでもない。もちろん、われわれはいつまでも「愛」の関係だけを生きているというわけではないのだが、他者の優先権の問題は重要である。レヴィナスが「愛」の関係ではなく、特殊なものと思われかねない「エロス」の関係を取り上げるのは、「私」に対して常に優先権をもつ、このような他者との関係の本質を解明するためである。なぜなら、「エロス」の関係こそが、レヴィナスの立てた問い、「他性が積極的なものとして、本質として一存在者によって担われるような一つの状況があるのではないだろうか」という問いに答えるものだからである[24]。そして、レヴィナスの最初の答えとは、すなわち、常に「絶対的に他なるもの」であり続けるものとは「女性的なもの（le féminin）」であった。

なぜレヴィナスは、性差に注目したのだろう。それは種差でも論理学的な分類、つまり類と種の違いでもない。レヴィナスの性差への注目の狙いは、エレア的存在論、「一」なるものしての存在という考え方に対して、存在の多元性を言うことにある。性差はまた矛盾とも違うし、「相補的な二つの項の二元性」とも異なる。それらは各々、存在と無の二元論に、また二つの項に先立って存在する全体性に行き着くからである。矛盾でも全体性の場合でも、例えば、エロス的な愛のときめきやしびれるような官能の喜びの感情や快楽は、そこにはない。したがって、性差の問題、愛や性愛の問題、またそれらの悲劇の問題などは、「二人で在るという事実」において考えられなければならない。レヴィナスは次のように言う。「愛の悲愴感は、諸存在の乗り越えがたい二者性において成立する。それは永遠に逃れ去るものとの関係である。その関係は、事実そのものによって他性を無力化するわけではなく、それを保存するのである。官能の喜びの感情は二人で在るという事実においてある。この関係の場合、他者である限りでの他者は、われわれのものになったりわれわれになったりする一対象ではない。反対に他者は、自分の神秘へと退却する[25]。それゆえ、「本質的に他なるものである女性的なもの」もまた、「永遠に逃れ去る」ものとして「神秘」に属する。ただし注意すべきは、レヴィナスは、ここで、この「神秘」としての「女性的なもの」によって、他者の他者性なしには決して成立しえない他者との関係に触れているという点である。

続けてレヴィナスはこの「女性的なもの」の観念を分析して、それを「認識しえないもの」、本質的には「光から身を隠すこと」、「光を前にして逃げ出すこと」、「隠れること」、「羞じらい」などとして提示する。これらはいずれも、本質的な意味での他性の問題、すなわち、他者を他者たらしめている他者の他者性を示すものとして主張される。しかし、多くの誤解を生んだ、この「女性的なもの」によるエロスの探究は、レヴィナスのエロス論の一部分でしかない。改めて確認すると、彼のエロス論の狙いはあくまでも次のような意味においてなのである。「そして、それゆえ、われわれは、この他性を、エロスという絶対的に独自の関係、諸能力には置き換えられないような、またその状況の意味を歪曲したくないならば、そのように置き換えを行なうべきではないような関係において探ったのである[26]」。したがって、「女性的なもの」の強調は、あくまでもこのような「エロス」論の文脈において読み取る必要がある。とはいえ、「女性的なもの」は「イポスターズとは異なった実存することの一出来事」というカテゴリーに属しており、「光の超越においてではなく、羞じらいにおいて存在者として成就される」と言われているように、レヴィナスの「エロス」論の中心に性的差異の問題が置かれている点は忘れてはならない。

「エロスという絶対的に独自の関係」、諸能力に翻訳不可能な関係という表現は、多くの示唆に富んでいる。例えば、官能性や性愛を考えるとき、身体が重要な問題となるが、レヴィナスは能力に翻訳されないという言い方で、諸能力の体系としての身体という、メルロ＝ポンティなどの現象学的な知覚する身体とは異なる身体を想定している。いわば、感じる身体、エロス的官能的身体である。確かにレヴィナスは、性的な快楽が、他の快楽、例えば食べることや飲むことといったような一人で味わう快楽、孤独な快楽とは異なることを知ってはいた。しかしながら、レヴィナスがここでこの問題を十分に展開したとは言いがたい。というのも、『時間と他者』での問題は、あくまでも他性の例外性や外部性を「女性的なもの」や「エロス」を通して追究することにあったからである。ただ惜しむらくは、もしもこの官能性のレベルまで身体の分析が深められたならば、レヴィナスだけではなく、アンリの身体論でも同じことが言えるが、他者論の様相が異なったものとなったかもしれないという点である。結局レヴィナスは、「神秘」としての他者の他者性との関係を、未来との関係、「すべてがそこにある世界において、決してそこにはないものとの関係、すべてがそこにある時、そこにはありえないものとの関係[27]」とみなす。ここでは、他者は時間、すなわち未来として考えられている。したがって、他者との関係は、結局はこの未来との関係ということになる。この関係において他者は、「不在」として、「逃れ去るもの」として、接触の彼方に置かれる。「エロス」論の中心に置かれた、レヴィナスによる「愛撫（caresse）」の分析は、以上のことを端的に示している。「愛撫」とは他者との接触であるが、接触とはいっても、それは感覚としての接触からは区別される。レヴィナスは次のように言う。「愛撫とは主体の一つの存在様式であり、そこで主体は他者との接触においてこの接触の彼方へ向かう。感覚としての接触は、光の世界の一部である。しかし、正確に言えば、愛撫されるものは触られるのではない。愛撫が求めるのは、その接触がもたらすこの手のビロードのような滑らかさやぬくもりではない。この愛撫という求愛行為は、自分が探しているものを自分では知らないという事実がその本質となっている。この『知らない』ということが、この根本的な無秩序性が、愛撫の本質的なところなのである。愛撫とはいわば、逃れ去るものとの戯れであり、まったく計画も地図もない戯れである」[28]。「愛撫」は何に触れようとしているのか。単に他者の肌にではない。それは、他者そのものに触れようと望む。しかし、他者は「愛撫」には与えられない。他者はいつでも「私」の「愛撫」から逃れ去る。「愛撫」とは、「常に他であり、常に近づきがたく、常に到来しつつある何ものかとの戯れ」[29]である。つまり、「不在」との戯れなのである。しかし、この「不在」は「純粋な無の不在」ではなく、「未来の地平における不在、時間である不在」である[30]。かくして、「愛撫」が目指す他者そのものは、純粋な未来として、「私」の「愛撫」の手を逃れ、身を隠してしまう。

他性そのものに触れるという観点から見れば、この事態は挫折であろう。ただ、もし他性そのものに触れることができるとすれば、それはもはや他者との関係とは言えないだろう。それは他者の死にほかならないからである。しかし、今問題はそこにはない。われわれが追究してきたのは、「エロス」や「愛撫」の問題と時間の問題との関係である。すなわち、時間を非対称的な相互主観性として考えるということである。これまでわれわれは触れなかったが、『時間と他者』において、自我と自己との同一性を破るものとして初めに考えられたのは「死」の問題であった。「死」とは、レヴィナスにとっては、われわれの

「実存そのものが他性から成っている何ものかと関係している」という事態を示すものであり、その意味で「死」は他なるものなのである。しかも、この他なるものとしての「死」は決して現在になりえない「未来」として規定されるが、しかしながら、このような「死」をもたらす「未来」は実はまだ時間ではない。レヴィナスの言うように、「誰のものでもないこの未来、人間が引き受けることのできないこの未来が、時間の一要素となるためには、ともかく現在との関係に入らなければならないからである」[31]。つまり、未来と現在との間を繋ぐ何ものかが必要なのである。そうでない限りは、「未来」は時間ではない。実はこの間を架橋するものが、他人との対面の関係、原初の社会性なのである。それゆえ、「対面の状況こそ時間の成就そのものであろう。そして、現在の未来への浸食は、単独の主体の業ではなく、相互主観的関係なのである。時間の条件は、人間の間の関係、あるいは歴史のなかにある」[32]。彼が最初に「対象とプラン」で語ったように、時間が単独の主体の業ではなく、主体と他者との関係であるという事態が、今、「エロス」や「愛撫」の非対称的な相互主観的関係の検討によって明らかにされたのである。しかし、これで終わったわけではない。まだ「多産性」の問題が残っている。

レヴィナスがエロス的関係に見たのは、「死への勝利」と呼ばれる状況である。なぜ「死への勝利」なのか。「死」は、レヴィナスにとって、絶対的他性、すなわち「純粋な未来」であり、「私」はそれに対してまったく無力である。「死」において、もはや「私」は「私」であり続けることは不可能である。しかし、この状況のもとでも、「私」は「私」であることは可能なのではないか。レヴィナスは、この可能性を「死への勝利」という言葉で呼んだのである。「死」の他性から「女性的なもの」の他性への移行はこの可能性を求めてのことであった。ここから更に、「エロス」における他者への関係が検討され、今、「多産性」の問題へと行き着いたのである。ここでレヴィナスは改めて問う。「汝の他性において、私がこの汝に呑みこまれることなしに、そこで自分を失うことなしに、いかにして私が私であり続けることができるか。我れが汝において依然として我れであり続けること、しかもその我れが私の現在において在る我れ、すなわち否応なしに自己へと帰る我れではなしに、依然として我れであり続けることはいかにして可能か」[33]。答えは、たった一つの仕方で可能である。それが「多産性」、すなわち「父であること（paternité）」である。要するに、父と子との関係において可能である。

それはどのような関係なのか。レヴィナスは次のように言う。「父であることは、他人でありながらも私であるような異邦人との関係である。私と私自身との関係ではあるが、にもかかわらず私とは異なる私自身との関係である」[34]。

しかし、「私」と、「私」ではない「私自身」との関係とはどのような関係か。レヴィナスによれば、それは父と息子との関係だと言う。言うまでもなく、子どもとの関係が問題なのだが、確かにレヴィナスの言うように、私の息子は私の作品でも私の所有物でもない。この関係を「力」や「所有」のカテゴリーで考えるわけにはいかない。レヴィナスは次のように言う。「原因の観念も所有の観念も、多産性の事実を把握させてくれない。私は私の子どもをもつのではない。私がいわば私の子どもなのである」[35]。ここでレヴィナスは「私が私の子どもである」という場合の「ある」に注意を促し、この「ある」は一者性において「在ること」を考えるエレア的、プラトン的意味での「ある」ではないと言う。彼の狙いは、「在ること」、「実存する」に複数性と超越とを導入することである。つまり、存在の概念を一性においてではなく、二元性あるいは多元性において考えるということである。

それでは、レヴィナスの言うように、「在ること」に複数性と超越とを導入して、「私は私の子どもである」という事態を改めて考え直すとどうなるだろうか。レヴィナスによれば、「私」の息子は、例えば「私」の悲しみや苦しみのように、「私」に起こる「私」の出来事ではない。この意味で、「私」と息子とは同じではない。息子は独立した一個の我れであり、どこまでいっても「私」とは異なる。この意味で、なるほど息子は「異邦人」である。しかし、この息子は「私」によって「産まれたもの（génération）」という点では、「私」に依存しており、「私」の息子はやはり「私」なのである。ここで更にレヴィナスは、次のように注意を促す。「父であることは、単に、息子における父の復活や息子との一体化であるだけではない。それはまた父の息子に対する外在性であり、複数での在ることである(36)」。

以上のように、「多産性」という独自の概念による非対称的な相互主観性論は、その限界にまで至る(37)。時間の問題に関して言い直すと、時間はここでは父子関係とみなされる。他者への関係としての時間は、父と子の関係として、「在ること」の二重性として考えられる。『実存から実存者へ』と『時間と他者』において、レヴィナスが最終的に到達した、このような父子関係における時間をどのように考えるべきなのか。今度は、同じ問題が取り上げられている最初の主著『全体性と無限』に移ろう。特に第四部「顔の彼方」へと。

第三部「顔と外部性」の最終節「倫理的関係と時間」の終わり近くで、「多産性」に関して、レヴィナスは次のように言う。「それゆえ、真理は、最後の条件として、善さと顔の超越とを条件づける無限の時間を要求する。そこでそれによって自我が生き延びる主観性の多産性は、主観性の真理を、神の裁きの秘密の次元として条件づけている。しかし、この条件を実現するためには、時間の限りない直線を手に入れるだけでは十分ではないのである」[38]。ここでは、主観性の真理の問題に触れながら、その真理を条件づけるものとして主観性の多産性が登場するが、しかしながら、レヴィナスはすぐさま多産性は最後の言葉ではないと言う。それでは、最後の言葉とは何か。それがそれに続く次の最後の段落で語られる時間の問題なのである。すなわち、「多産性」、「父であること」は、時間にまで遡って初めて今度は条件づけられるものとなる。「『未だない』という現象が根を張る時間の最初の現象にまで遡及しなければならない。それなしには時間が永遠性のイメージでしかないような、父であることへと遡らなければならない。父であることがなければ、目に見える歴史の背後に真理が顕現するのに必要な時間は不可能になる……」。問題は、父であることである。しかし、生物学的多産性はその一形態でしかない。父であることは、時間の本源的現実化である限りで、人間においては、生物学的生命に基づきうるが、この生命を超えて存続可能なのである」[39]。これらの文章を見れば、『時間と他者』における「多産性」や父子関係の議論が基本的には変化していないことは明らかであるが、ただ注意しなければならないのは、それらの非対称的な相互主観性の問題がそのまま他者との関係としての時間という規定にとどまることなく、そこから更に時間の問題への遡及の必要性が指摘されている点である。これは重大な問題である。レヴィナスにとって、他者との関係としての時間という考え方は、あくまでもこの問題の一過程にすぎないということである。しかし、まだこの段階では、無限への関係としての時間という考え方が出て来ているわけではない。

もう一カ所、なぜ「顔の彼方」なのかに関して検討し、それから、「エロス」と「多産性」を見てみよう。今度は、第四部の最初の節「愛の両義性」のすぐ前の文章である。「それゆえ、われわれは、顔における他者のエピファニーを前提とすると同時にそれを超越する一次元を示さなければならない。つまり、そこで、自我が死を超えて赴き、しかもまた自我の自己への還帰から自我が放免されるような次元。この次元は愛と多産性の次元であり、そして、愛と多産性においては、主観性はこれらの愛と多産性の運動の関数として措定されるのである(40)」。それ以前の難解な文章とは異なり、明確な一文、つまり、「顔」の顕現だけでは収まらない問題があるということである。それをレヴィナスは「顔の彼方」という言い方をしているが、そこで問題になっているのはこれまでわれわれも何度か指摘してきた、未来としての死の問題と「自我と自己との同一性」、ここでは「自我の自己への還帰」の問題とである。結局それは、「在ること」、「実存すること」の一元論から多元論への移行の問題に帰着するのだが、「顔」の顕現だけではこの移行が十分に果たされないということである。しかし、これは既にわれわれが検討してきた『時間と他者』の存在の超越性と複数性の問題の反復にすぎない。重要なのは、「愛」、すなわち「エロス」と「多産性」の次元から更に、先ほど指摘した時間の次元へと向かうことである。特に、父子関係を統べる時間の原理とはどのようなものかを明らかにすることである。そこまで行くと、おそらくわれわれの次の課題、無限への関係としての時間という考え方が今度は真正面から直接検討の対象になるはずである。

レヴィナスはまず「愛の両義性」において、「愛」の特徴を次のように言う。「愛は他者との関係であり続けるが、それは欲求へと変わる。ただこの欲求は、依然として、他人の、愛される者の、全面的、超越的外部性を前提としている。しかし、愛はまた愛される者の彼方へと向かう。それゆえ、顔を通して、その顔の彼方から、未だ存在しないものから、可能なものよりももっと遠い、決して未来になりきることのない未来から到来する暗い光が漏れてくる」(41)。決して分かりやすい文章ではないが、レヴィナスはここで、「愛」の本性である両義性について触れている。「愛」の関係において、他者は他性そのものとして現われるが、それは欲求の対象にもなりうる。レヴィナスの言い方では、他者は「愛」において「欲望と超越との同時性」として現われる。これは勝れて「エロス的なもの」の特性である。ただわれわれとしては、未来の一語に注目したい。すなわち、「愛」の関係における他者とは、実はこの「可能なものよりももっと遠い」未来なのである。したがって、愛における他者との関係とは未来との関係である。この未来については後でまた触れる。

レヴィナスは、次の節「エロスの現象学」において、われわれにとっては、馴染みの問題、「女性性」、「愛撫」、「官能性」が並ぶ問題群を改めて取り上げる。もちろん、戦後すぐの著作に比べると、その記述は格段に詳しく、先にわれわれが望んだ官能的身体についての指摘も見られる。しかし、基本的には、「エロス」の関係においても、他者は「未来」として考えられている。例えば、レヴィナスは、「女性的なもの」について、「官能性の接触そのものにおいて、現在において触れえないもの」と述べ、それを「未来」と呼ぶ(42)。もう一つ、「愛撫」についての例を引こう。レヴィナスは、ここでは少し言い方が違うが、「愛撫」が他者の不在との関係であると述べた後、次のように言う。「愛撫は作用しないし、可能的なものをつかみ取ることもない。愛撫が強いる秘密は、愛撫を一つの経験として形づくることはない。その秘密は、自我と自己との関係、自我と非我との関係をひっくり返す。無定形の非我は、自我を、その自我が逃亡し、その主体の地位を失ってしまう絶対的未来へと連れ去る」(43)。この「絶対的未来」とは、先ほど少しだけ触れたが、この文章の直前でレヴィナスが言うように、「可能的なもの」の未来でも、「私が実現できるすべてのものがそこで既にひしめき合い、光のなかできらめいているような」未来でも、「私の予期にもたらされ、私の諸能力を促す」未来でもない。それは、次のような未来なのである。「エロス的裸性の無-意味は、ちょうど形のない質料の曖昧さが芸術家のもつ諸々の形に先行するように、顔の意味に先行するわけではない。この無-意味は既に自分の背後に諸々の形をもっており、それは、未来から、そこで可能なものがきらめいている未来の彼方に置かれた未来から、到来する。というのも、顔の純潔な裸性はエロス的なものの露出のなかでも消えてしまうことはないからである」(44)。これ以降、レヴィナスは意味作用の問題、特に「顔」のそれとの関連でエロス的なものを論じていくが、今のわれわれにとっては、性差の性愛の関係を基本とする他者との関係において、それが「可能なものがきらめいている未来」ではなくて、その彼方に位置する「未来」との関係として規定されているという点を確認できれば十分である。つまり、他者との関係としての時間とは、ここでは、「現在」の「未来」への関係として考えられなければならない。この関係こそが、「現在」の自我と自己との同一性を破るエロス的関係なのである。ただし、もちろんこれで終わりではない。多産性、父子関係、時間の無限性に触れて、この第二節の締めくくりとしよう。一言だけ付け加えると、言うまでもなく、『全体性と無限』のエロス論の論述が、『時間と他者』

のそれとまるで同じというわけではない。違いのなかで注目したいのは、身体の問題と倫理的問題である。先にないものねだりのように、性的身体の不在について触れたが、つまり、「愛撫」における「エロス的裸性」の露呈の個所で、「私はできる」によって規定された現象学的身体、例えばメルロ＝ポンティの「自己の身体」とは異なる身体概念が提示されている点など見逃せないものがある。例えば、次の一文。「柔らかさの肉的なものにおいて、身体は存在者の身分を離れる(45)」。この「肉的なもの（le charnel）」から身体を規定し直すとどうなるか。しかし、これはまた近々改めて論じるつもりである。もう一つ、今度はサルトルによって考えた方がよい問題であるが、レヴィナスは対自存在と対他存在とを区別して、面白い言い方をする。レヴィナスにとっては、「我在り」は「私は、他者のためにある、他者に対してある」を意味するが、それでは、この他のためにある、他に対してあるは、「私のために存在する、私に対して存在する」という仕方とどのような違いがあるのか。この違いをレヴィナスは、倫理的言語、つまり「善」と「道徳性」によって語る。レヴィナスにあっては、「我在り」は「私は善い、ゆえに私はある」なのである。対他存在が対自存在を条件づけているのであって、その逆ではない。レヴィナスは次のように言う。「他者のために存在する、それは善さである（être bon）ということである(4)」。他者との関係を意味や意味作用の問題として論じていくと、結局はこれらの善や道徳性の問題に行き着く。この問題についてもまた、「人間存在」において善や神への関係を見るというレヴィナス哲学の基本的方向の確認に終わらざるをえないのだが、他の哲学者との大胆な対話のもとに、徹底的に論じられるべき事柄だろう。

「多産性」に移ろう。時間を他者との関係として規定する時、エロス的なものは最後の言葉ではない。

それは「多産性」、「父であること」、すなわち父子関係である。では、いかなる意味において、それは最後の言葉なのか。

「多産性」の節の最初の文章は、こうである。「秘密を侵犯する冒涜は、顔の彼方において、この顔が表現するはずの、より深い、もう一つの自我を『発見する』のではない。それが発見するのは、子である。全面的超越――実体変化の超越――によって、自我は、子において、一つの他なるものである。父であることは依然として自己同一化であるが、それはまた同一化における区別――形式論理学では了解不可能な構造――である(46)」。父と子の関係において何が起こっているのか。「父」たる「私」は、「子」との関係において、「私」でありながら、同時に「私」でない。なぜなら、「私」と自分の子どもとの関係は、子どもが「私」の子という意味では、父である「私」においては、「私」と「私」との関係であるが、しかしまた、子どもにおいては、「私」はあくまでも自分ではないもの、つまり、子の父という他なるものである。レヴィナスは、イザヤ書の一節を引いて、次のように言う。「私の子は一人の異邦人である。しかし、この異邦人は単に私のものであるというだけではない。というのも、一個の異邦人たる私の子は私であるからである(47)」。レヴィナスは、「父であること(paternité)」という存在の仕方に、複数性と超越とがあると言う。父というのは「私」一人では成り立たないから、そこには既に「私」以外のもの、すなわち複数の他の者が前提とされている。また超越があるとは、父である「私」は子との関係において初めて「私」なのだが、子どもはどこまでいっても父である「私」に対して超越的である。言うまでもなく、子は「私」ではないからである。つまり、父の同一性は自己自身において成立するのではなく、自分の子どもとの関係において、他なるものとの関係において、成立するのである。ここに、「分離」が、「超越」が、ある。確かに、自分の子どもは「私」ではないが、しかしまた同時に「私」は自分の子どもなのである。レヴィナスに言わせると、「自我の多産性、それは自我の超越であるということになる(48)」。それは、「自分を連れていくことのない超越」である。

このように、レヴィナスは、「父であること」という存在の仕方において見出される、自分の子と同一化できない超越を「多産性」と呼んだのであるが、ここで重要なのは、多産性の問題がエロス的関係の問題とは別次元の問題であるという点である。レヴィナスは次のように言う。「実際に、エロス的関係は、自我の自己性そのものの特性、主体の主体性そのものの特性として分析されなければならない。多産性は、存在論的カテゴリーとしてみなされる必要がある。父であることの状況において、同一的主体という一元論的概念を明確化する自我の自己への回帰は、全面的に変容される。（中略）自我の多産性は、原因でも支配でもない。私は私の子をもつのではない。私が私の子なのである。父であることは、他者でありながらも、（中略）私であるような異邦人との関係である。つまり、自我の自己との関係、しかしながら自我ではない自己との関係である(49)」。『時間と他者』と同じ表現も見られるが、前半部分は特に重要である。「エロス」の関係が自己性の問題、すなわち主体の主体性の問題であるのに対して、「多産性」は存在論的カテゴリーに属す問題、いわば実体変容に属する問題であるとの指摘は、われわれの時間の問題に対しても看過できない事実である。

今、問題は、エロス的関係から多産性の関係への移行である。エロスの関係にあって、他者は未来として規定された。しかも、それは絶対的未来である。それは、「不在」として愛撫からも官能性からも逃れ去る。エロスは、未だ存在しない未来、把握不可能な未来、「私」がいずれそうなる未来、「私」の可能性であるだけではなく他者の可能性でもある未来へと向かうが、この未来が到来するためには、「女性的なもの」としての他者との出会いが必要である。しかし、エロスが指し示すこのような関係は、むしろ多産性によって現実のものとなる。すなわち、子どもの誕生であり、「私」が父になることである。したがって、「多産性」にあっては、未来との関係は父と子の関係という形を取る。それは、主体の主体性の変容だけではなく、実存することそれ自体の変容をもたらす。父である「私」は、自分の子との関係において、「絶対的に他なるもの」との関係に触れる。すなわち、無限との関係に触れる。レヴィナスは次のように言う。「子との関係、すなわち他なるものとの関係は、権能ではなく多産性であり、絶対的未来あるいは無限の未来との関係化である[50]」。また別の個所では、次のようになる。「多産性における息子との関係は、光と夢の、認識と権能の閉じた拡がりにおいてわれわれを維持するのではない。息子との関係は、絶対的に他なるものの時間――権能をもつ者の実体そのものの変化――を、その実体変容を、明確化する[51]」。

「未来」として規定され、今、絶対的に他なるものの時間にまで至った他者との関係としての時間は、第四部「顔の彼方」の最終節である「時間の無限」において、多産性の時間として展開される。父と子の関係によって、この多産性の時間を考えるとどうなるか。そこには、時間の非連続性を貫く連続性が見られる。戦後間もなく始められたレヴィナスの時間性を社会性で考えるという探究は、すなわち非対称的相互主観性の「非対称性」による探究は、対面の自他関係からこの父と子の関係を貫く時間、すなわち非連続の連続性としての時間においてひとまず完結する。父が父であるのは子どもとの関係においてであるが、やがてその父に死が訪れる。いつか父の「現在」は失われざるをえない。しかし、それは永遠の死だろうか。父は子において復活をとげるのではないか。ここで、父子関係にあっては、「私」が「私」でありながら同時に「他なるもの」でもあるという事態に注目しよう。確かに、「私」としての「父」の現在は失われるのではあるが、しかしながら、「父」は、女性的なものとの出会いによって可能になる未来の体現たる「子」において、他なるものとして復活するのである。「父」の死から見ると、父子関係はその死により非連続的であるが、「父」の「子」としての復活から見ると、この関係は連続的である。つまり、父子関係には、死と復活とに基づく、時間の非連続の連続性が体現されているのである。「無限に存在する」とはどういうことかについて触れた後、レヴィナスは次のように言う。「多数性や非連続性がなければ――多産性がなければば――、自我はそこで、どんな冒険も一つの運命の冒険に転換してしまうような一つの主体にとどまるであろう。自分の運命とは異なる運命をもちうる存在が多産的存在なのである。そこで、『自我』が不可避の死という決定的なものを通して『他なるもの』に延長される、父であることにおいて、時間は、その非連続性によって、老いと運命とに勝利する。父であること――自己自身でありながら他である仕方――は、時間を貫くものの同一性を乗り越えることができないような、時間の中での変形とも、そこで自我が運命の変転を知るだけで他の私にはなりえないような何らかの転生とも、何ら共通点をもたない。このような非連続性を主張しなければならない[52]」。

問題は、以上のような「他なるもの」へと延長される時間の「非連続性（discontinuité）」である。レヴィナスによれば、多産性の非連続的時間は、「絶対的若さと再び始めること」とを可能にするという。しかも、この再び始めることには、再び始められた過去との関係が残されているともいう。ここではもはや詳しく触れる余裕はないが、この過去との結びつきは「赦し（pardon）」のパラドクスの問題を経由して、今度は未来の問題に送り返される。「未来は、私の現在に流れ込み、私が把握するような、見分けのつかない可能的なもののうごめきから到来するのではない。未来が私に到来するのは、絶対的間隔を通してであり、そして、絶対的に他なるものである『他者』だけが、たとえそれが息子であったとしても、この絶対的間隔の縁に道標を立て、そこで過去と再び結合することができるのである[53]」。ここまで来ると、われわれが多産性の時間によって辿って来た到達点が見えてくる。

時間を他者との関係として規定するにあたって、レヴィナスは、なぜ、エロスの関係だけではなく多産性の時間に注目したのか。それは、多産性には、「連続性の断絶と、その断絶性よる連続化」があるからである。つまり、そこには、非連続性と連続性から成る時間があるからである。その時間とは、ちょうど今引用した文章の前半部分で言われたような、「私」の現在における未来と過去の結びつきではなく、未来と過去の絶対的隔たりが絶対的他者によってのみ架橋されうるような、未来と過去との関係の仕方にほかならない。少しだけ本章の次の第三節の問題を先取りして言えば、これは、前者の時間が「サンクロニー」として、それに対して、後者の時間は「ディアクロニー」として本質的に区別されることになる時間性の問題である。しかし、それについて語るには、まだいくつか越えなければならない問題がある。ここで確実に言えることは、『全体性と無限』では、時間はまだ他者への関係として考えられているということである。ただし、それは、「無限に存在すること」や「無限の無限化」を介して、無限への関係としての時間への途上にあるということもまた確実に言えるだろう。

この節の最後に、最も魅力的なレヴィナスの一文を引こう。「ハイデガーが主張するように、時間の本質を形づくるのは、存在の有限性ではなくて、存在の無限性である。死という停止は、存在の終焉として近づいて来るのではない。それは未知なものとして接近し、未知なものは未知なものとして権能を宙吊りにする。存在を運命の限界から解放する間隔の構成は、死を要求する。間隔の無――死の時間――は、無限の生起である。復活は時間の主要な出来事である。それゆえ、存在において連続性はない。時間は非連続である。一つの瞬間は、中断なしに、脱自によって、他の瞬間から出て来ることはない。瞬間は、それが連続化することにおいて、死を見出し、復活する。死と復活とが、時間を構成する。しかし、このような形式的構造は、『自我』の『他者』への関係を前提とし、そしてその基礎にある、時間を構成する非連続的なものを通して多産性を前提とする(54)」。すなわち、確かに死と復活とが時間を構成するのではあるが、しかしながら、この非連続性と連続性は、非対称的な相互主観性、「自我の他者への関係」、正確には「多産性」を前提とする。

三

ここまで、われわれは、他者への関係としての時間の問題に関して、レヴィナス独自の非対称的な相互主観性の探究、未来としての死の他者性の問題から、「女性的なもの」、性差に基づく、愛および性愛の関係やエロス的関係を経由し、そして最後に、「多産性」の概念による父子の関係に至るまで辿り直してきた。したがって、最終節であるこの第三節では、レヴィナスの時間論の到達点である無限への関係としての時間の問題を取り上げなければならない。「多産性」に見られる非連続の連続性としての時間性の概念は、レヴィナスにとっては、十分に満足のいくものではなかったからである。彼の言い方では、それはいまだ、存在することのなかに、存在論的差異の圏内にあり、存在の彼方には至っていないからである。つまり、存在からの脱出はいまだ途上にあり、「超越」に関する研究を介して、さらに存在することの彼方の意味を探究する必要があるということである。無限への関係としての時間という考え方を明らかにするために、まず第二の主著『存在するとは別の仕方で、あるいは存在の彼方へ』に触れ、それから一九八五年の論文「ディアクロニーと再現前化」を検討することにしよう。

「顔」のエピファニーだけでは十分ではない。そこで最初の主著の第四部において、「顔」の彼方が求められた。すなわち、「時間の無限」、無限に存在すること、無限の無限化が求められた。しかし、ここで言われている無限とはどのようなものなのか。また、あの、一九七七年に書かれた、第二次大戦後の最初の著作の「第二版への序文」のなかの一節、「無限への渇望」としての時間性とはどのようなものなのか。レヴィナスにとっては、他者との関係の問題と、自我を自我たらしめる主体性の問題とが変わらぬ導きの糸である。それにはまず、「超越」の新しい意味が求められなければならない。第二の主著では、それは、「存在の他」への移行と規定される。つまり、「存在するという出来事」は、ここでは、「存在の他」としての「存在の彼方」への移行という事態そのものを意味する。しかも、この移行は、この超越は、存在と無の差異を超えた、「存在すること」から「存在することの彼方」への、「存在すること」と「存在すると は別の仕方で」へのそれでなければならない。同じことだが、問題は、もはや、「存在論的差異」の意味ではなく、「存在論的差異の彼方」の意味である。正確に理解しなければならないが、「無限への渇望」としての時間性の問題はまさしくこの次元に属しているのであり、いくらか曖昧さは残ってはいるが、この点で『全体性と無限』の記述とは区別して考える必要がある。

しかしながら、このような意味での超越の問題、すなわち存在から存在の他への移行という問題は、見かけほど単純ではない。というのも、「存在すること」は常に「存在の内部に在ること」として自己自身への固執でもあるからである。したがって、存在の他への移行は、すぐさま存在の内部に回収され、超越は挫折に見舞われる。いわゆる、レヴィナスの言う、「存在と存在の他のアンフィボロジー(amphibologie)」である。この「存在」と「存在の他」の両義性がもたらす虚偽を乗り越えない限り、超越はアンフィボロジーの罠を逃れることはできない。それでは、存在の他への移行、存在することの彼方への移行は、どのようにして果たされるのか。答えは、レヴィナスの言う「言語(langage)」にある。

「存在」と「存在の他」との関係の問題は、彼独自の概念である「言うこと(le dire)」と「言われたこと(le dit)」との関係において解かれることになるが、ここで少しだけ術語について注意しておく必要がある。というのも、この関係は単純ではないからである。ハイデガーの存在論的差異と比較して言うと、彼の存在者と存在との区別と、この場合の「言われたこと」と「言うこと」との区別とは別のものである。

第二の主著の段階では、ハイデガーによる存在者と存在との区別は、レヴィナスにとってはもはや問題ではなく、否定的に捉え直され、両者の差異は本質的なものではなくなる。むしろ、存在者と存在は相関関係においてあり、両者はアンフィボロジーとして同じものとみなされる。レヴィナスにとって問題は、繰り返しになるが、存在論的差異の彼方、「存在」から「存在の他」への移行なのである。それゆえ、レヴィナスの「言うこと」が目指すのは、そのような相関関係やアンフィボロジーの両義性の外にあるもの、それらに先行するもの、あらゆる起源に先立つものとしての言語である。その意味で、この「言うこと」は「存在の他」への移行を可能にするものとみなされる。しかし、「言うこと」による、存在者と存在との相関関係からの脱出は、やはり同種の困難を秘めている。「言うこと」においてもまた、あのアンフィボロジーが見られるからである。

レヴィナスは、第二の主著、第一章第三節「言うことと言われたこと」の最初の文章において次のように言う。「そこに存在が存在の他の言表を閉じ込めてしまう出口のない運命は、言われたことが言うことに及ぼす支配に、そこで言われたことが麻痺してしまう託宣に由来するのではないか」[55]。「存在の他」として規定された「言うこと」は、「存在」によって、すなわち「言われたことが言うことに及ぼす支配」によって、やはりあの相関関係に、あの曖昧さがもたらす虚偽に陥らざるをえない。それでは、レヴィナスの言う「起源にさえ先立つ言うこと」はいかにして可能なのか。かくして問題は元の所に戻ることになったが、ここでレヴィナスはまた別の考え方を提示する。それが「責任」の概念である。しかし、今われわれが見たこの事態は見かけよりもずっと深刻である。レヴィナスは、「他者に対する一者の責任（responsabilité de l'un pour l'autre)」について触れた後、次のように言う。「そうであっても、この先-起源的な言うことは、そこで言うことと言われたこととが相関関係にあるような言語に変わる。この言語において、言うことはその主題に従属する。存在と存在者との区別でさえ、言われたことのアンフィボロジーによって支えられていると指摘できる。もちろん、こうした区別やアンフィボロジーが言葉の巧妙さに還元されるわけではない。言うことと言われたこととの相関関係、すなわち言うことの、言われたことへの従属、言語学の体系への従属、そして存在論への従属は、顕現が要求する代価なのである。言われたこととしての言語においては、たとえ裏切りだとしても、すべてはわれわれの面前に翻訳される。それは下女の、そして必要不可欠な言語である。存在するとは別の仕方で、あるいは存在の他——既にそこにこの別の仕方と他が現われている主題の埒外で、しかし、そこに別の仕方と他が現われている存在の存在することに不忠実に——を露にすることを目指して今行なわれている探究にさえこの言語は奉仕している。たとえ裏切ることによってであれ、この存在の外にを、この存在への例-外を、まるで存在の他が存在することの出来事であるかのように、語ることを可能にする言語。存在、存在の認識、そしてそこで存在が現われる言われたことは、存在に対して例外扱いする言うことにおいて意味する。しかし、この例-外と認識の誕生とが現われるのは、言われたことにおいてである。言われたことにおいて、例-外が現われ、真理となるという事実は、言うことの命題上の変化——下女の、あるいは天使の——を絶対的なものとみなすのに十分な口実ではないのである[56]」。

長い引用になったが、難解きわまりない文章を通して、事態の重大さの一端は明らかであろう。注意したいのは、現象や認識を考えた時、われわれはどうしても「言われたこと」の支配を免れえないということである。したがって、「言うこと」をそれ自体として取り出すことはできない。それは、翻訳を通してでしか、ひとまず「言われたこと」へと変化した形でしか、読み取れない。しかし、そこに裏切りが介入する。こうした事態は言語をめぐるベルクソンの状況を思わせるが、以上のような「言うこと」の「言われたこと」化は不可避なのである。この場合、「言うこと」は、沈黙へと、見えないものへと降下し、現象と認識の前から姿を消す。それでは、それは非 - 知なのか。それは永遠の沈黙なのか。それは絶対的に見えないものなのか。ここでレヴィナスは、文字通り、存在論と現象学の彼方にいることになる。そうだとすると、「超越」は、「存在の他」への移行は、不可能だということになるだろう。

言うまでもなく、答えは「否」である。「存在の他」としての「言うこと」は可能である。なぜか。「言うこと」がたとえ命題や現象や認識や主題化を免れえないとしても、「言うこと」はそれに尽きてしまうわけではないからである。その根拠となるのが、レヴィナスにとって、他者への関係の最後の形である責任の言語と責任の時間である。しかも、この責任において、レヴィナスはこれまでとは別の次元に立つ。すなわち、他者への関係は、無限への関係に、神への関係に変化する。またわれわれのテーマである時間に関して言えば、責任の時間はもはや他者との関係としては規定されえない。それは、「サンクロニー」に決して回帰することのない、「ディアクロニー」としての時間性へと変化する。

それでは、責任において、「存在の他」は、「存在するとは別の仕方で」は、どのようにして実現されるのか。言うまでもなく、レヴィナスの言う責任とは、通常の責任の概念とは異なる。それは、他者への応答可能性としての責任である。しかも、この応答可能性、すなわちその語の原義が示す《responsabilité》としての責任は、単に他者に対して責任があるということを表わしているわけではない。この責任は、他者に対して応えることもできるし、応えないこともできるという意味での自由を超えたものであり、応答の不可避性、応答しないことの「道徳的不可能性」としての責任なのである。これが「他者に対する一者の責任」にほかならない。このような、「私」以外の何ものも責任を負うことができないという意味で、「私」は他者に対して唯一の者であり、このような、「私」の責任はこの「私」しか果たすことができないという意味で、「私」は「唯一者」であり、責任の主体なのである。したがって、レヴィナスの「超越」としての責任、言い換えれば、「存在の他」、「存在するとは別の仕方で」への移行としての責任は、これまでとは異なる主体性の概念をもたらすことになる。それが「自己自身（soi-même）」としての主体性である。レヴィナスは次のように言う。「したがって、『存在とは他なるもの』の例-外──存在しないことを超えて──が主体性あるいは人間性を、存在することの支配する領土を拒否する自己自身を意味することを示す必要があるだろう。すなわち、唯一性としての自我である。この自我は類や形式の共通性とは無関係であるがゆえに比較を超えたものであるが、ましてや自己のうちで休らったり平静のなかにあったりするわけでも、自己と一致しているわけでもない[57]」。続けてレヴィナスは、この主体性あるいは人間性を意味する、「唯一性の自己の外、この唯一性の自己に対する差異は、非-無差異としての非-無関心そのもの」であり、それはわれわれの日常の表現において見られる再帰代名詞の《se》という「異-常な再帰（récurrence）」であると言う。もちろん、この他者に対する責任において、このような責任の他への代替不可能性として成立する自我は、自我と自己の同一性を根本的に欠いていることは言うまでもない。すなわち、それは存在の外や他において成立する、自己との差異における自己性なのである。それが「自己自身」としての主体性である。そうであれば、これを存在することにおいて考えることは問題にもならない。というのも、「自己自身」は「存在することから引退した唯一性」だからである。

責任の主体を可能にする主体性は、以上のような構造において考えられるが、ここで一つだけ注意を促すとすれば、それは以下の点である。これまでの自我と自己との同一性という考え方に代えて、「自己に対する差異」を「非-無差異」あるいは「非-無関心」と読みかえ、そこに新しい自己性の概念を創造したことは注目されるべきであろう。というのも、この概念を使うと、他者との関係においても、応答可能性としての責任を「無関心ではいられないこと（non-indifférence）」と規定し直し、そこに自己と他者との分離を認めつつ近しさを置く対他関係のあり方を考えることができるからである。つまり、《indifférent》と《non-indifférent》とをめぐって、差異の中にあることとしての無関心から、差異の中にはいられないこととしての無関心ではいられないことへの移行が可能になるからである。

ここで責任の主体の問題を離れて、第二の主著に関するわれわれの最後の課題として、今度は、「言うこと」の時間、責任の時間の問題を検討しよう。第五節「他者に対する責任」において、レヴィナスは時間の時間化の問題を取り上げる。「時間は存在することであり、存在することの示現である。時間の時間化において、光は、時間の流れがそうであるところの瞬間のそれ自身に対する位相差、すなわち同一的なものの差異を通して生じる。同一的なものの差異もまた、その同一的なものの顕現である。しかし、時間はまた、あらゆる隔たりの取り返しでもある。すなわち、過去把持によって、記憶によって、歴史によって。過去把持、記憶、そして歴史によって何ものも失われることなく、すべてが現前あるいは再現前し、すべてが書き留められ、エクリチュールに任され、ハイデガーならばそう言うように、あるいは総合され集約され、すべてが実体のうちに結晶化され、あるいは硬化されるような時間の時間化において、すなわち、取り戻すことのできる、失われた時間のない、失われるべき時間もない、そこで実体の存在が通過していく、そのような時間化において、回帰することのない時間の経過、あるいは共時化に逆らうディアクロニー、超越的ディアクロニーが表示されなければならない[58]」。今、時間の時間化において、二つの時間性が区別された。一つは、共時態、すなわちサンクロニーと呼ばれる時間性である。これは、何も失われることのない時間、過去把持や記憶や歴史によって「あらゆる隔たりが取り返され」、位相差や差異が現在において回収されてしまう時間の時間化である。もう一つは、このサンクロニーのあらゆる共時化に抵抗する、通過時態としてのディアクロニーである。レヴィナスが「存在の他」への移行によって考えているのは、もちろんこの後者であるが、それは過ぎて還らない、現在において再現前することも回帰することもない時間の時間化である。これこそ、「超越的ディアクロニー」という言い方で示された、絶対的に他なるものとの関係そのものとしての時間であり、それこそ、存在することの彼方の意味、別の言い方をすれば、存在論的差異の彼方の意味、絶対的に他なるものとしての無限の意味なのである。しかし、ここにはまた大きな困難が潜んでいる。今述べたように、ディアクロニーの意味を明らかにすることが問題なのだが、ディアクロニーは、時間の連続をではなく、むしろ断絶を意味しているからである。つまり、

「回帰することのない時間の経過」が問題であるとすれば、過ぎ去ってしまった時間、すなわち「過去」はどうなるのだろうか。この場合、現在において、もはや過ぎて還らぬ「過去」との関係は不可能だということにならないだろうか。

しかし、レヴィナスは、ディアクロニーにおいても、「関係」は可能であると考える。ただし、改めて言うまでもないが、今度は、過去把持にも記憶にも歴史という物語にも依拠することはできない。レヴィナスの表現を使えば、「しかしながら、『ずっと前の昔』を流れ去った過去という資格で再現前化にもたらすことなしに、現在の『変容』、したがってまた、始まり、主題化可能な原理、したがってまた、歴史的なあるいは記憶可能な、あらゆる過去の起源を意味することなしに」、ディアクロニーの意味を解明し、「関係」を見出さなければならない(59)。しかし、そのようなことは可能なのだろうか。われわれは、時間の時間化の問題において、再度、あの「存在」と「存在の他」とのアンフィボロジーに陥ってしまうのではないか。結局、「彼方」も、「別の仕方で」も、存在論の圏内、正確には、存在論的差異の圏内にとどまるのではないか。

ここでレヴィナスが用意した答えは、「言うこと」としての時間の時間化である。それゆえ、問題は次のように立て直されなければならない。「しかし、言うことはその原初の謎においていかにして自己を言うのか。超越――存在とは他なるもの――のディアクロニーが表示されるためには、時間はいかにして時間化されるのか。超越は存在することにおいて自己を表示しながらも、いかにして存在することから自己を引き離すことができるのか(60)」。これらの問いにうまく答えることができれば、われわれが他者への関係としての時間から無限への関係としての時間へという主題のもとに追究してきた、レヴィナスの時間論のもつ意義もまた間接的にではあれ明らかになると思われる。レヴィナスによれば、そこで過去が現われる内在に還元されるわけでも、現在や再現前化による過去の再来でもなく、過去を過ぎ去ったものとしてそのまま留め置く、過去との「特異な関係」が認められるという。この関係においては、もはや、過去は現在の変容ではありえない。その意味で、この過去は通常の過去から区別され、起源であったことのない過去、「前‐起源的（pré-originel）」、「無起源的（anarchique）」過去と考えられる。この過去との関係ならざる関係を、「特異な関係」を具体的事例において追究していくとどうなるか。それがレヴィナスの言う「責任」の関係なのである。レヴィナスは、感謝や祈りの問題を経由して次のように言う。「しかし、あらゆる現在とあらゆる再‐現可能なものの手前の――現在の秩序に属していない以上――過去との関係は、他者たちの間違いや不幸に対する私の責任という非日常的かつ日常的な出来事において、他人の自由を保証する私の自由において内包されている。また、人間の驚くべき兄弟愛において内包されている。もっとも、この人間の驚くべき兄弟愛においても、兄弟愛――カインの恬淡たる冷酷さをもって考えられた――は、それだけで、自分が訴える、分離された諸存在者間の責任をはっきりさせられるというわけではないだろう。他人の自由が、私の自由において、始まることは決してありえないし、すなわち同一の現在においてあることも、同時的であることも、私に再現可能であることも決してありえないだろう。他人に対する責任は、私のアンガージュマンにおいても、私の決意においても、始まったということはありえない。そこに私がいる無制限の責任は、私の自由の手前から、非‐現在の『あらゆる‐成就‐の‐後』のものの『あらゆる‐思い出‐に‐先立つ』ものから、とりわけ非‐起源的なもの、無‐起源的なもの、存在することの手前および彼方から到来する」[61]。この存在することの手前や彼方から到来するもの、それを今レヴィナスは改めて責任と呼ぶ。ただし注意しなければならないのは、ここで言う責任は人間の兄弟愛、すなわち友愛の関係を超えたものであるという点である。重要なのは、それが起源ならざるものからの到来であるという点である。それゆえ、レヴィナスは続けて、「他者に対する責任とはそこで主体性の非‐場所が位置づけられる場所」であると主張するのである。

　以上のように、レヴィナスは他者に対する責任において、本来結びつくはずのないものが結びつくという「特異な関係」を見出した。さらにレヴィナスは、この関係を、「言うこと」や責任の時間、サンクロニーから区別された、時間の時間化であるディアクロニーとして捉え直し、第六節「存在することと意味」において、そこに無限への関係を見る。「責任」における起源ならざるものとの関係は、サンクロニーにおける再現前化、すなわち記憶や歴史や物語による現在への回収とは本質的に無関係である。しかし、それでは、なぜ、この関係は現在において回帰しないのだろうか。それは、この「記憶されない」過去の「遠さ」からでなく、その「現在との共役不可能性」のためである。《immémorial》という形容詞つきで示されるこの過去は、いかなる意味でも、記憶と重なることはない。イメモリアルな過去の「イメモリアル」は、「メモリアル」を遥かに凌駕し、無限だからである。それはまた後に「善さ」とも「栄光」とも言い換えられるが、この無限は、現在の有限性や始まりと終わりをもつ起源的な性格との比較において、次のように言われる。「現在――始まりそして終わるところの存在することであり、主題化可能な結びつきにおいて集約された始まりと終わりであるが——とは、自由との相関関係にある有限である。ディアクロニーとは、この結合の、非-全体化可能性の拒否であり、正確な意味では、無限である」[62]。

この第三節での、第二の主著におけるレヴィナスの時間論についてのわれわれの検討は、ひとまずここまでである。時間の時間化の別の仕方として見出されたディアクロニーは、今新たに無限者の無限として規定し直された。他者に対する責任はこの無限との関係に由来するものであり、それは「私」に、「私」の意志とは無関係に、「私」の意に反して、一方的に他者への接近を命令する。しかも、この無限への応答としての責任に由来する他者に対する責任において、他者は「私」に隣人の顔として現われ、他人との関係が可能になるのである。それゆえ、われわれは、レヴィナスにおいて、『時間と他者』や『全体性と無限』のように、もはや、単に時間を他者との関係として考えることはできない。それはむしろ、ディアクロニーにおいて、無限への関係として、正確には、無限者の無限への関係において考えなければならないのである。なお、レヴィナスは「特異な関係」という言い方で呼んだ、本来結びつくはずのないものの結びつきとしての「存在の他」への関係、すなわち、この場合は、無限への関係、ディアクロニーを「彼性（illéité）」という造語で言い直している。しかし、このような、「汝」との関係とも対象の主題化とも相入れない、この「私と接続（conjonction）することなしに私に関係する（concerner）一つの仕方」について、「そこをこの関わりが通過する境域」については、無限者の無限の問題も含めてこれ以上触れる余裕はもはやない[63]。

ところで、われわれが本章の最初に示唆したように、レヴィナスには、「ディアクロニーと再現前化」

という、彼自身の時間の考え方を改めて取り上げ直した論考がある。この晩年の論文において、われわれは、これまで詳細に論じてきた、他者への関係としての時間から無限への関係としての時間へという彼の時間論の深化の足跡を明確に辿り直すことができる。次にこの論文を検討することによって、レヴィナスの時間論の全体像を明らかにしよう。ただし、われわれは、ここでは、紙幅の関係もあり、フッサールの時間論の解釈を通じてレヴィナスの時間論を解明するという道を取らない。例えば、「志向性と感覚」を取り上げて、それをフッサールの『内的時間意識の現象学』との比較対照において、その特異性や独創性を論じるというやり方も可能であることは十分承知しているが、この点についてもまた機会を改めて検討することにしたい。

「ディアクロニーと再現前化」という論文は、日常的生においても、哲学的思考や科学的思考においても、われわれの「知解可能性」を支配し続けている「見ることとの構造」、すなわち志向的構造が孕む問題の指摘から始まり、ベルクソン、ローゼンツヴァイク、ハイデガーによる時間の脱形式化の試みに触れて終わる。この場合の時間の脱形式化の試みとは、時間を、形式の中の形式である、「我思う」の脱形式化として探究するレヴィナス自身の試みを指すが、その彼自身の試みは三人のそれぞれ独自の仕方で遂行された、「時間の純粋形式よりも『古い』具体的なもの」(64)による時間の脱形式化の探究と合流する。ここで特に注目すべきは、ベルクソンへの具体的な言及であろう。レヴィナスは次のように言う。「『創造的進化』において『エラン・ヴィタール』として考えられた、『意識に直接与えられるものについての試論』や『物質と記憶』の持続は、『道徳と宗教の二源泉』においては、隣人への愛とわれわれが『神へ(a-

Dieu)』と呼んだものを意味するということを思い起こすのはいけないことなのだろうか。われわれを『二源泉』の出版から分かつ半世紀にわたるあらゆる教えにもかかわらず、こうした結びつきを避ける権利がわれわれにあるのだろうか」[65]。このようなベルクソンに対する親近性はもちろん突然現われたものではないが、「ディアクロニーと再現前化」において、レヴィナスの時間論の要約を読み取るというわれわれのここでの試みにとっては、隣人愛と「神へ」の時間概念に基づくベルクソン評価は、非常に興味深い問題である。

最初の志向的構造の問題に戻ろう。レヴィナスは更に、それを「我思う」における同一的な自我の意識の問題として取り上げ、今度はこの意識と他なるものとの関係において、他なるものの「我思う」としての自我への現前を、すなわち他なるものの存在を問題にする。時間の問題は、ここから始まる。レヴィナスは次のように言う。「現前あるいは存在はまた、時間の様態である。しかし、それが具体的に意味しているのは、他なるものが自我の外に置かれること、したがって、正確には、自己を贈ること、自己を与えること、つまり所与性である。現前における他性の贈与、それはその語の比喩的な意味においてではなく、受け取ることとの具体的地平において意味をもつような贈与、既に手中に収めているという状態にあるような贈与なのである。時間性としての、もしそう言ってよければ、本質的な手で-つかむこと〔今〕(maintenance)、すなわち現在の現前は、ある種の把握可能なものや堅固なものの約束である。これこそがおそらく、ものや『何ものか』を、すなわち存在者の形状化を、存在へと、現前へともたらすそのものである。そして、この諸事物の認識の原型たるアウトラインは、悟性の理念化された知の抽象化に先立つものであり、それはちょうどフッサールの『危機書』の現象学が——しかし、既に、原理的には『論理学研究』が——教えている通りである(66)」。ここで重要なのは、語義を解釈し直すことでなされた、「現在の現前」としての「手で-つかむこと(main-tenance)」と「今(main-tenant)」との一致である。したがって、見ることや認識することを可能にしているのは、この他なるものを受け取ること、手中におくこと、すなわち「手で-つかむこと」としての「今」である。この「今」という現在の自己への現前が、あらゆる「知」に先駆けて、ものをものとして存在させることによって、存在者を存在者として存在させることによって、見ることや認識することを可能にするのである。志向性の構造における、このような「手でつかむこと」と「知」との結合こそ、思惟の卓越性の源泉であり、「今」としての現在の優位性を決定づけているものである。

以上のように、贈与であり所与性である「手で-つかむこと」としての「今」とは、他なるものの現前であり、他なるものが存在することなのであるが、レヴィナスは更に続けて、次のように言う。「しかし、これ以降、見ることや認識と解された思惟のなかに位置づけられ、志向性によって解釈された、知解可能性や知性は、思惟の時間性そのものにおいて、過去や未来に対して現在を特権化することになる。そうであれば、過去や未来における現前の変化を理解するためには、過去や未来を現前へと還元することや連れ戻すこと、すなわち再-現前化することが問題になるだろう。また同様に、我思うの内部で現前において集約され迎え入れられ共時化され、したがって自我の同一性において引き受けられてしまうあらゆる他性——この引き受けられた他性を同一的なものについての思惟によって理解することが問題なのだが——を自分のものとして理解し、そのことによってその他なるものを同じものへと連れ戻すことが問題になるだろう。他なるものは、内在の驚異を確証する知において自我の特性となる。存在への志向および存在の主題化における志向性は、すなわち現前における志向性は、自己からの脱出であるのと同様に自己への還帰でもある」[67]。今問題は、「他なるもの」を「同じもの」へと還元し、それを文字通り同化し、そこから他性を奪い取る、見ることや認識することや志向性とみなされた思惟である。そして、この思惟における知解可能性である。この場合、知解可能性は「他」の「同」への還元を意味するが、この還元は思惟の時間性として、現在の現前における共時化としてのサンクロニーにおいて可能になる。したがって、レヴィナスの言い方では、「自我論的に集約される存在することとしてのサンクロニー」[68]をこそ乗り越えなければならないのである。

「ディアクロニーと再現前化」の最初の節「知と現前」において今われわれが取り上げた問題、「他性においてある他なるもの」の「同じもの」への還元、他性の剥奪、吸収という事態こそ、レヴィナスが生涯にわたって戦い続けた問題である。実は、この節において、もう一つ重要な問題がある。それは、人と人との関係の問題である。対象との関係に関しては、先に見たように、サンクロニーによって「他性における他」の「同」への還元が見られるが、他人との関係においてはどうであろうか。人と人との関係においても、「他」の「同」への還元に帰着してしまうのだろうか。レヴィナスはここで他人に向かって話すという事例を取り上げているが、この場合でも、もし記号としての言葉や内的言説としての言語が問題であれば、やはり同じように「同」への還元に行き着くだろう。詳しい説明は省くが、単に言語やコミュニケーションを問題にしたからといって、このような還元が乗り越えられるわけではないのである。それでは、何が問題なのか。他人との関係といっても、言語と時間が問題なのである。「他性における他」の同化に帰着しない、言語と時間はいかにして可能か。それが、言語に関しては、「言われたこと」から区別された「言うこと」としての言語であり、時間に関しては、サンクロニーから区別されたディアクロニーである。しかも、両者は別々のものではなく、むしろ「言うことの時間性」として同一の問題なのである。したがって、レヴィナスの思考は、今度は、通常の社会性や責任概念とは異なる、「言うことの社会性」としての言語や「他者に対する責任」において、別の時間性の探究、「言われたことや書かれたものの現前に集約されるような時間性とは異なる時間性、『私から他者へ』における具体的な時間性」の探究に向かうことになる(69)。

この新たな時間性概念、すなわちレヴィナスによるディアクロニーについての考察は、第二節「他性と『ディアクロニー』以降の課題となる。われわれはここまで現在の現前としての思惟の時間性から、「言うこと」の時間性、責任の時間性への移行を検討してきたが、以上の議論を見れば、この「ディアクロニーと再現前化」という論文が、われわれが最初に示唆したように、他性をめぐるレヴィナスの哲学的歩みの要約になっていることがよく解るだろう。他者との関係といっても、それを、サンクロニーにおいて考えるか、あるいはディアクロニーによって考えるかで大きな違いがある。ここから少し歩みを速めて、最後の第七節「時間の脱形式化」まで見ていこう。

「他の人間の他性」を他者に対する責任において考えるとどうなるか。レヴィナスは、この責任の関係を、二者関係として、「顔」との対面の関係において考えているが、この場合他性は、「私」に対する、相互性を欠いた、一方的な義務や命令や強制として働く。「私」は、この他者の他者性によって、「私」の決意に先立って常に「無償」で他者に応答しなければならず、「私」は自発性や自由とは無関係に一方的に他者に対して責任を負う。また、この他者性のもつ倫理性を強調して別の言い方をすれば、「顔」の意味とは、「汝殺すなかれ」であり、「汝、この絶対的に他なる他者の生に責任がある」という命令である。つまり、自分の生よりもむしろ他者の生にこそ責任があるという意味で、「自我」は他者の「人質」なのである。

実は、このような「私の他者への非-対称的『関係』」、これはもはや関係ならざる関係なのであるが、この点に既に、サンクロニーのもつそれとは異なる、別の時間の性格を認めることができる。「近しさ」における「私から他者へ」は、もはや現在の現前においても同時性においても可能ではない。それは、本来結びつくはずのないものの結びつきとして、別の時間性、要するにディアクロニーを示唆する。それこそ、社会性の時間、責任の時間が示していることなのである。ここからレヴィナスは、さらに、「記憶されない過去」と「純粋な未来」へと時間の考察を進め、「神へ」の神学的時間にまで至る。

他者に対する責任の先行性は、過去は過去でも、過ぎ去って再び現在には決してなりえない、還らぬ過去、「それがかつて存在した現在へと還元不可能な過去」を明らかにする。レヴィナスはそれを「記憶されない過去(passé immémorial)」という言い方で表わし、次のように言う。「あらゆる想起(réminiscence)、あらゆる把-持(ré-tention)、あらゆる再-現前化(re-présentation)、あらゆる記憶された現在(présent remémoré）への準拠の外で、私に関わり、『私を見つめ』、『私の関心事』となる過去のシニフィアンス。他の人間に対する責任から出発して、命令の他律性において到来した、記憶されない過去のシニフィアンス。『私を見つめる』、人類の歴史への、他の人々の過去への、非-志向的な私の分与。他者に対する私の責任のそれである時間の具体性の根底にある、再現前化に集約されない過去のディアクロニー」(70)。この決して引き受けることのできない他性の「絶対的異邦人性」、それこそ、レヴィナスが、「イメモリアルな過去」、決して記憶されることはないが別の回路、他者に対する責任という仕方で、「私を見つめ」、「私に関わってくる」過去という言い方で何とか表わそうとしているディアクロニーという時間性なのである。ここで問題になっているのは、私が関わったのではない過去、私が見たわけでも私がなしたわけでもないが私に命令を与える過去、一言でいえば、他の人々の、人類の、太古の過去ならざる過去である。この記憶されない過去の絶対的異他性において、「私」は他者たちに責任があるのである。それでは、未来についてはどうであろうか。

言うまでもなく、自我は有限であり、やがて「私」は死ぬ。しかし、他者に対する「私」の責任は、「私」の死によって放免されるわけではない。それは、「私」の死後も続くのである。したがって、この「私」の死後も続く未来は「再現前化の共時化可能な時間」ではありえない。そのような時間であれば、自我の死によって消滅するであろう。それでは、この未来は死すべき「私」にどのようにして関わってくるのか。レヴィナスは次のように言う。「未来の未来化は、来るべきものとして、私の諸々の先取りや予持として、私にやって来るわけではない。他の人間に対して無関心ではいられないこととして、異邦人に対する私の責任として、この私に関わってくる未来の定言命法的意味のなかに、この存在の自然的秩序との断絶のなかに、誤って超自然的と言われるものを聞き取らねばならないのだろうか。それは、神の言葉であるような、あるいは、もっと正確には、観念への神の到来そのものや神の言葉への挿入――およそ可能な啓示のなかに神を『認め』、名づけるに足るもの――であるような命令を聞き取らねばならないのだろうか」[71]。かくして、レヴィナスの言う「純粋な未来」とは、予め「私」の現在において先取りされ、たとえ独特の志向性によってであれ、予持されているような未来ではなく、ハイデガーの「死への存在」への批判的言及の後に語られる、「私に到着するものの彼方の、一個の自我に対してやがて来るはずであるところのものを超えた未来」であり、いわば神の言葉とも言える「定言命法的」な意味をもつ未来である。これは、当然、自我の死後も残り続ける未来であり、われわれは、他者の顔から出発して、この未来の声を、「死すべき自我の有限存在」において聞き取る必要がある。しかし、ここで一つの問題が生じる。これまでたびたび関係という語によって、「私から他者へ」を語り、他者に対する責任の問題に言及してきたが、ここでもなお関係という語を使うことができるのだろうか。レヴィナスの言うように、「他者に対する責任の無関心でいられないことを関係の名で呼ぶこと[72]」ができるのだろうか。答えははっきりしている。もはや関係とは言えない。なぜなら、「無関心でいられないこと」とは、同時性をではなく、ディアクロニーを前提としているからである。

このディアクロニーの問題は、更に、無限の観念の問題を経由して、「神へ」の時間にまで深められなければならない。第六節「神へ」において、まずレヴィナスは責任において命令に従うことは「愛」の概念にこそ相応しいと言い、その後デカルトの無限の観念に触れる。レヴィナスの言葉を聞こう。「無限の観念においては、思惟は自分が包含しうる以上に思惟し、また、デカルトの第三省察によれば、無限の観念においては、神は人間のなかで自己を思惟するが、その場合の神とはいわばノエマなきノエシスではないだろうか。そして、包含不可能なものの異‐常な未来における責任の具体性は、他者の顔において、神の言葉によって命じられるのではないだろうか[73]」。このように、「愛」とも言い換えられた「命令」は、人間に内在する無限の観念において、もはや関係ならざるものとの関係として、必ず服従せざるをえない権威として、避けることのできない権威として、要するに神の言葉として働く。レヴィナスが「時間のディアクロニー」の概念によって明らかにしたのは、無限の観念における、このような神の言葉への服従である。しかし、この命令は、力による強制であり、暴力ではないだろうか。したがって、「私」の決意や自発性や熟慮に先行して、このように神の言葉への不可避的聴従として働く応答としての責任は、暴力性を懐胎させていることになるのではないか。そうではない、とレヴィナスは言う。「超越の後退と回避できない権威、それは既に時間のディアクロニーではないのか。無限の、回避不可能な権威、それは、不服従を妨げないし、時間を、すなわち自由の余地を残している。権威と非暴力の両義性。疚しさとしての人間は、無限の観念の、すなわち観念である限りでの無限のこの曖昧さのゴルギアスの結び目なのである[74]」。微妙な文章ながら、レヴィナスはここで、「時間のディアクロニー」としての「超越の後退と回避不可能な権威」という言い方で、命令を裏切ることもできるが逆にまた従うこともできるという曖昧さによって、暴力の拒絶と暴力性の否定とを主張するが、はたしてこれで十分であろうか。これだけでは、文字通り、曖味さを残したままではないのか。

関係という語には注意が必要であるが、われわれは、この第三節において、無限への関係としての時間の検討を続け、ここまで無限の観念を経由してそれを「神へ」の時間として理解してきた。しかし、「ディアクロニーと再現前化」の最終節「時間の脱形式化」においても、この曖昧さの問題は未解決のままである。この節の初めにレヴィナスはもう一度「イメモリアルな過去」と「純粋な未来」に触れ、その後でディアクロニーについて次のように述べる。「この過去と未来の意味のディアクロニー、ディアクロニーの『差異』は、ただ断絶のみを意味しているだけではない。それは、想起や期待を通して、時間を再現前化することによって時間を結びつけはするが時間を否定することになる、諸形式のうちで最も形式的な超越論的統覚の統一性にもはや基礎を置いているわけではないような、無関心でいられないこととしての差異のなかにいないことや一致をも意味している」[75]。レヴィナスがここで、「差異」と「差異のなかにはいない」という言い方で示された「非差異」と「一致」について述べていることは、われわれが、これまで、本来結びつくはずのないものの結びつき、例えば、「彼性」という概念によって言及してきたものである。この関係ならざる関係について、更に問いつめていくとどうなるか。時間の連続性と非連続性をめぐる、この最後の問いは、しかしながら、ここでは、レヴィナスによって明確に答えられてはいない。「ただ断絶のみを意味しているだけではない」ような「差異」とは、どのような差異なのだろうか。この「差異」が「非差異」や「一致」でもあるとはどういうことなのだろうか。しかし、ベルクソン、ローゼンツヴァイク、ハイデガーに触れた後、「ディアクロニーと再現前化」の最後にレヴィナスが語ったのは、他者の顔におけるわれわれの観念に到来する神の問題についてである。それは、依然として、あの曖昧さそのものとして、不可避の権威の命令であると同時に強制や自身の全能性の放棄による命令でもあるという言い方で表わされているように、曖昧さを残したままである。その意味では、問題は何ら解決されていないと言わざるをえない。ただ示唆的な言葉がないわけではない。その一つは、レヴィナス自身による、「時間を弁神論なき神学の献身において考える必要性」[76]の指摘であろう。しかし、本章でのレヴィナスの時間論をめぐる論考はここまでである。

残された問題は、少なくない。むしろ、われわれは、本章の終わったところから始めなければならないのかもしれない。第二の主著にもう一度問いかけ、無限と無限者の問題をやり直す必要がある。しかしながら、当初の目的、レヴィナスの時間の考え方を、他者への関係から無限への関係へという狙いのもとに明らかにするという目的は、ひとまず果たせたのではないかと思われる。終わったところから始めるためには、レヴィナス哲学の全容をわれわれの言葉で語り直し、解明する作業を続ける必要がある。しかし、それらは始まりのための準備にすぎない。繰り返しになるが、終わったところから始めなければならない。レヴィナスの彼方へ行くために。

註

（1） Emmanuel Lévinas, *De l'existence à l'existant*, J. Vrin, 1981, p. 9.（引用中傍点は筆者、原文では大文字）。
（2） Emmanuel Lévinas, *Le temps et l'autre*, PUF, 1983, p. 17.
（3） *Ibid.*

（4） Emmanuel Lévinas, *op. cit.*, p. 12.
（5） *Ibid.*
（6） Maurice Merleau-Ponty, *Phénoménologie de la perception*, Gallimard, 1945, p. 495.
（7） Emmanuel Lévinas, *De l'existence à l'existant*, p. 147.
（8） Emmanuel Lévinas, *De l'évasion*, Fata Morgana, 1982, p. 73.
（9） この存在からの脱出をめぐる問題については、拙稿「存在からの脱出と身体の諸感情」『倫理学研究』第三八号（関西倫理学会編、二〇〇八年）所収と、同じく拙稿「レヴィナスにおける時間の超越と存在論的差異の彼方」『人文學』第一八六号（同志社大学人文学会編、二〇一〇年）所収を参照のこと。なお、それぞれ本書第4章と第5章を参照のこと。
（10） Emmanuel Lévinas, *De l'existence à l'existant*, p. 151.
（11） *Ibid.*, p. 152.
（12） *Ibid.*, pp. 153-154
（13） *Ibid.*, p. 157.
（14） 拙稿「バタイユとレヴィナスにおけるエコノミーの問題」『人文學』第一七八号（同志社大学人文学会編、二〇〇五年）所収参照。なお、この論文では特に第三節において本章とは異なった観点から同じテクストを取り上げているが、ここでの論述と一部重複する個所があることを予め断っておく。なお、本書第2章を参照のこと。
（15） Emmanuel Lévinas, *op. cit.*, p. 158.
（16） *Ibid.*, p. 157.
（17） *Ibid.*, pp. 159-160.
（18） *Ibid.*, p. 161.
（19） *Ibid.*, p. 162.

(20) *Ibid.*, p. 160.
(21) Emmanuel Lévinas, *Le temps et l'autre*, p. 34.
(22) *Ibid.*
(23) *Ibid.*, p. 76.
(24) *Ibid.*, p. 77.
(25) *Ibid.*, p. 78.
(26) *Ibid.*, p. 80.
(27) *Ibid.*, p. 81.
(28) *Ibid.*, p. 82.
(29) *Ibid.*
(30) *Ibid.*, pp. 83–84.
(31) *Ibid.*, p. 68.
(32) *Ibid.*, p. 69.
(33) *Ibid.*, p. 85.
(34) *Ibid.*
(35) *Ibid.*, p. 85–86.
(36) *Ibid.*, p. 87.
(37) 拙稿「アンリにおける『生の共同体』と他者」『アルケー』(関西哲学会編、二〇〇一年)所収参照。なお、この論文では、本章での論述と異なった文脈において、特にアンリの他者論との比較において、エロスや愛撫の問題を取り上げているが、ここでの論述と一部重複する個所があることを予め断っておく。
(38) Emmanuel Lévinas, *Totalité et infini*, Martinus Nijhoff, 1980, p. 225.

(39) *Ibid.*
(40) *Ibid.*, p. 231.
(41) *Ibid.*, pp. 232–233.
(42) *Ibid.*, p. 236.
(43) *Ibid.*, p. 237.
(44) *Ibid.*, p. 238.
(45) *Ibid.*, p. 239.
(46) *Ibid.*, pp. 244–245.
(47) *Ibid.*, p. 245.
(48) *Ibid.*, p. 245.
(49) *Ibid.*
(50) *Ibid.*, p. 246.
(51) *Ibid.*
(52) *Ibid.*, p. 258.
(53) *Ibid.*, p. 260.
(54) *Ibid.*, pp. 260–261.
(55) Emmanuel Lévinas, *Autrement qu' être ou au-delà de l'eseence*, Martinus Nijhoff, 1978, p. 6.
(56) *Ibid.*, p. 7.
(57) *Ibid.*, pp. 9–10.
(58) *Ibid.*, p. 11.
(59) *Ibid.*

(60) *Ibid.*, p. 12.

(61) *Ibid.*

(62) *Ibid.*, pp. 13-14.

(63) *Ibid.*, p. 15. 無限や無限者の問題については、機会を改めて論じることにしたい。特に、『存在するとは別の仕方で、あるいは存在の彼方へ』の第四章「主体性と無限」に関しては、残念ながら本章では触れられなかったので、近いうちに取り上げたいと考えている。

(64) Emmanuel Lévinas, Diachronie et représentation, in *Entre nous*, Grasset, 1991, p. 196.

(65) *Ibid.*

(66) *Ibid.*, p. 178.

(67) *Ibid.*, pp. 178-179.

(68) *Ibid.*, p. 179.

(69) *Ibid.*, p. 182.

(70) *Ibid.*, pp. 189-190.

(71) *Ibid.*, p. 192.

(72) *Ibid.*, p. 193.

(73) *Ibid.*, p. 194.

(74) *Ibid.*

(75) *Ibid.*, p. 195.

(76) *Ibid.*, p. 196.

第7章　もう一つの近代、あるいはデカルトとレヴィナス
――「魂の原理」から「身体の原理」へ――

デカルトとレヴィナスは驚くほど似ている。レヴィナスは、『省察』のデカルトが辿った道を最も深い意味で継承したと言えるかもしれない。しかし、この言い方は誤解を招きかねない。両者が「驚くほど似ている」という言い方は一般的ではないし、「継承」という語には曖昧さが潜んでいるからである。両者はいかなる点で似ているのか。また、レヴィナスは、『省察』のデカルトの何をどのような仕方で「継承」したのか。

ところで、レヴィナスにおけるデカルトの影響に触れる際、「第三省察」の神の存在証明の問題、すなわち「無限の観念」の問題に言及する場合がほとんどである。しかし、ここでは、それに触れない。なぜなら、両者を繋ぐものとして、より根本的な問題があるからである。身体の問題である。この観点に立てば、「無限の観念」の影響は限定的なものにすぎない。

しかし、身体の問題といっても、同じく少し説明が必要であろう。周知のように、デカルトの身体は基

本的には「物体」である。しかし、この見解は、『省察』に限っても、単純すぎる。実は『省察』のデカルトにはもう一つの身体概念がある。しかも、この身体概念の問題は、『省察』に混在する二つの主観性の問題と深く結び付いている。すなわち、「心身分離の主観性」と「心身合一の主観性」の問題である。この問題は、精神と身体との区別と、両者の合一とに起因する。これら二つは、精神の純粋悟性の立場にたつ「魂の原理」と、精神と身体との合一に基づく「身体の原理」と言い換えることもできる。結局のところ、『省察』のデカルトは「心身分離の主観性」の考え方を取った。では、なぜ、デカルトは「心身合一の主観性」の立場を取らなかったのか。

この問いの検討から、デカルトにおけるもう一つの近代の形が見えてくる。それは「魂の原理」から「身体の原理」への転換という事態である。しかし、この転換はデカルトにあっては垣間見られたにすぎない。われわれの見るところ、レヴィナスは、『省察』からおよそ三〇〇年を隔てて、『実存から実存者へ』において、この根本的転換を試みた。本章において、デカルトとレヴィナスとを取り上げる所以である。

もう一つの近代の形を探る、このような転換の試みを追跡するために、まず、両者の「驚くほど似ている」事態に触れる。ここでは、デカルトが懐疑の果てに陥った「深淵」とレヴィナスが「世界なき実存」において見出した「ある」との類似性と、あの二つの主観性をめぐるレヴィナス的な「継承」の仕方とが問題になる。次に、「第二省察」と「第六省察」において、「心身分離」と「心身合一」の問題を取り上げ、デカルトにおけるもう一つの身体概念と「心身合一の主観性」の検討を行なう。そして、最後に、レヴィナスにおいて、その大胆なデカルト解釈を経由して明らかになった、「イポスターズ」と身体の問題を取り上げる。すなわち、レヴィナス独自の身体概念である「定位としての身体」を取り上げ、この「現在の瞬間の出来事」である「身体」の「瞬間」の非連続の連続をめぐる問題に触れる。

以上の検討を通して、デカルトにおいて垣間見られ、レヴィナスが独自の仕方で「継承」した、ありうべきもう一つの近代の形が探究され、「魂の原理」から「身体の原理」への転換の一端が明らかになるはずである。ちょうど、ニーチェが「大いなる理性」としての身体について語ることで、近代を超えようとしたように。

一

デカルトは、「第二省察」の最初に言うように、懐疑の果てに突然「渦巻く深淵」へと落ち込む。この懐疑は感覚への懐疑から始まり、物体的本性一般のそれを経由して、最後に「悪い霊」による、私を誤らせようとしている「仮定」へと行き着く。その結果、「外的事物」についてはすべて「夢の幻影」でしかなく、「私自身」についてはは身体も感覚器官もなくただそれらをもっているという「思い込み」があるにすぎない。かくしてデカルトは、天も地も精神も身体もない、私は存在しない、という否定の闇へと降下していく。しかし、デカルトは、この懐疑から一転して、「私はある、私は存在する」と言う。他方レヴィナスは、『実存から実存者へ』において、「世界」の考察から、「世界なき実存」の問題へと移行する。

いわゆる、主—客や内—外の差異を包含する無の場所としての「ある（il y a）」の問題である。デカルトは懐疑の果てに、この無の場所としての「深淵」に陥ったが、レヴィナスは面白いことに、懐疑も使わず、またそれを無の淵とは言わず、あえて「不在の現前」としての「ある」と言う。そしてここから存在者なき存在において、存在者の誕生を問う。いわゆる「イポスターズ」の問題である。よく考えてみると、これは大きな違いなのではないか。

確かに、一見すると、『実存から実存者へ』におけるレヴィナスの「世界なき実存」の探究は、奇妙な試みに思われる。というのも、レヴィナスはここでデカルトのように「懐疑」を用いたわけでも、フッサールのように「エポケー」を行使したわけでもないからである。しかし、デカルトとレヴィナスが辿った道は最後には一つになるはずである。証拠を示そう。レヴィナスは、最初の主著『全体性と無限』において次のように述べている。「コギトはあの夢の反復に始まりをもたらすわけではない。デカルトのコギトには、最初の確実性（しかしそれはデカルトにとっては神の存在に基づいてのことである）が、すなわち、それ自身によって正当化されることのない恣意的な停止がある。対象に関する懐疑は懐疑の行使そのものの明証性を含意する」(1)。ここまではコギトの問題である。実はわれわれの問題はその手前にあるのだが、レヴィナスの解釈をもう少し見てみよう。レヴィナスの指摘を俟つまでもなく、疑うことは、たとえすべてを疑うにしても、たとえ疑っていることとそのことを疑うとしても、疑うという行為そのものの不可疑性を含む。デカルトはここから、私が思っている限りで私はある、へと移行する。しかし、デカルトは、なぜ、この「最初の確実性」において、懐疑を止めることができたのか。そこには十分な根拠があるのか。レヴィナスが「恣意的な停止」と言う所以である。レヴィナスの用意した答えは、デカルトが「無限の観念をもち、予め否定の背後にある肯定の回帰を測ることができた」[2]からである。すなわち、デカルトのコギト、あの「最初の確実性」は、「無限の観念」という他者の力によって初めて可能になるのである。もしそれがなければ、「私」はいつまでも懐疑や否定の繰り返しを続けるしかない。レヴィナスによれば、それゆえ、「肯定は他者から到来する」のであり、「他者が経験の始まり」なのである。

しかし、先に述べたように、今のわれわれにとって、問題はこの手前にある。すなわち、デカルトが懐疑の果てに陥った、「渦巻く深淵」にある。デカルトが言う否定も肯定も超えた「深淵」とはどのようなものか。ここでレヴィナスは、より深い水準へと向かう、このような肯定と否定の連鎖を超えた徹底的否定の運動について、すなわち方法的懐疑の運動について、彼自身の「ある」の概念に引きつけて次のように言う。「それは常により深い深淵へと向かう下降の運動であり、われわれは別のところで、この深淵を、肯定と否定とを超えた、あると呼んだのである」[3]。「別のところ」とは、『実存から実存者へ』と『時間と他者』の二つの著作を指す。デカルトが懐疑によって巻き込まれたのは、間違いなく、この「無限の否定の働き」であり、「深淵へと向かう運動」なのである。かくしてデカルトは「無の淵」へと陥ることになった。

今問題は、デカルトの「深淵」とレヴィナスの「ある」とである。レヴィナス自身は、明らかに「深淵」と「ある」とを同じものと考えている。それでは、これ以降の展開についてはどうか。デカルトの場合は、先に触れたように、懐疑の只中において、一転してあの「最初の確実性」、すなわち、「私はある、私は存在する」に移行する。レヴィナスの疑いはこの点にあった。なぜデカルトは懐疑を止めることができたのか。それは、予めデカルトが「無限の観念」を手にしていたからというのがレヴィナスの用意した解答である。この点については既に述べた。しかし、この同じ問いをレヴィナスの存在者なき存在である「ある」に向けるとどうなるか。レヴィナスは「ある」からどのようにして脱出したのか。それもまた「恣意的」なのではないか。それを問うためには、存在者なき存在においていかにして存在者が誕生するかという「イポスターズ」の問題を取り上げる必要がある。しかし、この節では、最初の目論見通り、「深淵」と「ある」との類似性の指摘にとどめておく。「イポスターズ」の問題については第三節で取り上げることにする。

これとは別に、もう一つの論点、「心身分離の主観性」と「心身合一の主観性」の対立の問題に触れなければならない。すなわち、レヴィナスはどのようにしてデカルトの「心身分離」と「心身合一」の対立の問題を解こうとしたのか。デカルトにおける二つの主観性の問題そのものは次節で詳しく検討するが、実はこの問題は、フッサールやハイデガーに関する研究とは別に、レヴィナスの独自の哲学の形成の起点となったものである。なるほどそれは直接的にはヒトラー主義の哲学との対決の所産であるが、この対決からレヴィナスが導き出したのはヨーロッパ近代の「理性主義」のもつ致命的な欠陥の発見である。しかも、この発見はレヴィナスにそれ以上のものをもたらした。とりわけ、近代の哲学における身体の問題の重要性の発見、すなわち、デカルトにおける「心身合一の主観性」の可能性を探るという試みである。この身体の問題の発見こそ、文字通りレヴィナス自身の生存をかけた哲学の問題となったものではなかったか。

「ヒトラー主義哲学に関する若干の考察」において、レヴィナスが最初に試みたのはヒトラーの思想において何が問題になっているかを、西洋近代文明への哲学的、思想的挑戦として最も深いところで真剣に受け止めることであった。一九三四年の段階でのこのような試みは、きわめてラディカルのものである。結局、レヴィナスはヒトラーの思想に「基礎的諸感情の覚醒」(4)を見る。これは、レヴィナスの定義によれば、「現実の総体と自分自身の運命に直面したときにとる魂の最初の態度」(5)である。戦争の予兆の中で、まだ二〇代後半に過ぎなかった、レヴィナスが未来の自分の哲学的使命を賭けて、全面的対決に及んだのはもちろんその出自の問題もあるだろう。しかし、それだけではない。レヴィナスから見て、その当時のそれと対立する思想的潮流のほとんどがこのような最も深いところで人間の生を支配する、いわば本能的、非合理的な、生命的反応を取るに足らないものとして無視していた点も見逃せないだろう。しかし、この言い方は誤解を招きかねない。われわれは基礎的諸感情なり態度なりを単に非理性的なものとは考えていないからである。それらはむしろわれわれの理性的なものを養っているものなのではないのか。レヴィナスもまた、言い方は異なるが、そのように考え、自分の課題へと向かう。レヴィナスの課題とは、ヒトラー主義の哲学と対立する、この当時の思想的潮流、例えば、キリスト教やリベラリズムやマルクス主義などを取り上げ、これらの思想を可能にしている「源泉や直観や本源的規定」にまで遡り、それらの拠って立つ場所そのものを明らかにすることである。結論だけ言うと、レヴィナスが「共通の根」として取り出してきたのは「身体」である。

ただしここで注意すべきは、この「共通の根」としての身体は、ヒトラー主義哲学そのものを含めてあらゆる思想やわれわれの生を、その根底で本源的に規定するものであるという点である。では、「身体」ということで何が問題なのか。それは精神が身体へと「鎖でつながれてあること」である。レヴィナスは精神の側から見て、「鎖」の比喩を用いているが、われわれの言葉でいえば、それは「心身合一」の問題である。レヴィナスから見ると、近代の哲学的、政治的思想のいずれもが、「具体的野蛮の世界と避けることのできない歴史の外部に、精神の究極の基底を置いた」[6]のである。まさしくここに問題がある。もちろん例外はある。レヴィナスは「具体的野蛮の世界」と「歴史の内部」に深く身を置いた、マルクスの思想を唯一の例外として高く評価するが、それでもマルクスそれ自身の中にも理性主義的残滓を認めざるをえない。

それでは、この「鎖」の問題の中心にあるものとは何か。それは「われわれの身体の経験」である。レヴィナスによれば、この経験の前では、もはや心身分離も心身二元論も問題にならない。それゆえ、新たな哲学の出発点はこの身体の経験にある。では、身体の経験から始めることは何を意味するのか。西洋の近代思想が見逃してきたのは「われわれの身体とわれわれ自身との同一性の感情」[7]であるから、まずはこの「同一性の感情」を明らかにすることである。しかし、それでは、西洋の近代思想と言うとき、レヴィナスはデカルトについてどのように考えていたのだろうか。

この論文において具体的な言及は見られないが、精神と身体の関係を問うにあたって、近世近代の哲学的思惟を問題にする際、デカルトの二つの主観性の問題が念頭になかったはずはない。言及がないのは、おそらくユダヤ=キリスト教やリベラリズムや人種差別主義を取り扱う文脈上、触れる必要がなかったからであろう。言うまでもなく、レヴィナスは西洋近代哲学全体を相手取っていたわけではない。しかし、われわれから見て、純粋に哲学的問題に限定すれば、レヴィナスのこの「鎖」の考え方に賭けられていたものとは、デカルトのもう一つの身体概念による「心身合一の主観性」の可能性の問題そのものであったと思われる。もちろん、われわれは、デカルトの「心身合一」の考え方でレヴィナスの戦いが可能になったと言いたいわけではない。しかし、デカルトの二つの主観性についての検討はもう一つの近代の形の可能性を垣間見せてくれるはずである。

二

以上のように、「驚くほど」かどうかは別にしても、デカルトとレヴィナスが「似ている」ことの一端は明らかになったのではないか。出発点としての無の「深淵」と「ある」との類似性、また示唆的にではあるが、デカルトにおける「心身分離」と「心身合一」をめぐる問題、とりわけ身体の問題、すなわち「心身合一」の問題がレヴィナスの独自の哲学の始まりにあったのではないかという点はとりわけ重要である。

ところで、「第二省察」において、デカルトは無の淵から一転して「私はある、私は存在する」に移行するが、その経緯についてはここでは触れない。今のわれわれにとっては、もっと重要な問題がある。というのも、デカルトが一方で身体と感覚器官を否定し、同時に他方でそれなしには私は存在しえないと述べているからである。もちろん、最後には無限の否定の前ですべて否定されることになるのだが、これは一体どういうことだろうか。デカルトはコギトの発見以降、「必然的に存在する私」の問題を取り上げ、まず自然に導かれて自分の意識に浮かんできたものの検討を行なう。「私」とは何か。「私」とは、顔や手や腕をもち、これらの諸部分からなる「機械」をもつものである。また、「栄養をとり、歩き、感覚し、思考する」ところのものである。しかし、後者については、その働きの源泉は物体（身体）にではなく、精神にある。そこでデカルトは、物体（身体）の本性の検討から始め、精神の本性の解明へと向かう。では、物体（身体）とは何か。

デカルトの定義によれば、それは「形」によって限定され、「場所」によって囲まれ、他の物体を排除するような仕方で空間を充たすものであり、しかも視覚や触覚をはじめ五感によって知覚されるもの、自ら動くものではなく、他のものによって動かされるものである。要するに、自己を動かす力や感覚する力や思考する力をもたないものである。というのも、これらの力は物体の本性に属していないからである。ところが、このすぐ後で、デカルトは奇妙なことを言う。「（中略）それどころか、私はむしろ、このような力が或る種の物体において見出されることに驚いたのである」(8)。

言うまでもなく、「或る種の物体」とは私の身体以外には考えられない。驚くべきことに、ここでデカルトは身体が自己を動かす能力をもち、感覚する能力や思考する能力をもつと言っているのである。これはいわゆる「物体としての身体」、「対象としての身体」とはまったく異なる身体の考え方である。しかし、このもう一つの身体は一瞬現われ、すぐに消えてしまう。では、それはどこへ行ってしまったのか。それは懐疑によって排除されてしまうものなのか。

ここで注意しなければならないのは、われわれは依然として「悪い霊」の呪縛の下にあるという点である。この点を考慮すると、先の「必然的に存在する私」とは何かという問題はどうなるだろうか。言うまでもなく、物体の本性に属すものは「私」のものではない。また、精神の本性に属すものでも、栄養摂取や歩くことや感覚することは「私」のものではない。なぜなら、これらは身体なしには不可能であり、懐疑が続いている限り、物体（身体）は存在しないからである。それでは、精神の本性に帰属するもののうち、何が残ったのか。「考えること」だけである。それゆえ、「必然的に存在する私」とは「考えるところのもの以外のものではない」。すなわち、「私」とは、精神、魂、知性、理性である。

そうであれば、あの、もう一つの身体は完全に排除されてしまったということになるのだろうか。更にデカルトは、この後、「想像力」による「私とは何か」の検討を続け、あの有名な定式に到る。デカルトは次のように言う。「しかしそれでは私とは何か。考えるところのものである。それでは考えるところのものとは何か。すなわち、疑い、理解し、肯定し、否定し、意志し、意志しない、想像し、感覚するところのものである」[9]。ここで注目して欲しいのは、「考えるところのもの（res cogitans）」という言い方である。後に触れるように、レヴィナスはこの「もの（chose）」という語に独自の解釈を加え、そこから身体の問題を導き出すことになるからである。この点を踏まえて、あの問いをもう一度問うと、確かにもう一つの身体概念は「第二省察」においては消えてしまうが、後に見るように、それは「第六省察」において別の仕方で残り続けているのである。

ここでデカルトにおける二つの主観性の問題に触れると、「私とは考えるところのものである」という「私」の主観性は、物体から区別された精神、すなわち「心身分離の主観性」である。言うまでもなく、「第二省察」でのデカルトの試みは、精神と物体（身体）との実在的区別、すなわち「心身分離」を行なうことにあった。なるほど、この原則を徹底すれば、「心身分離の主観性」しか残らない。しかし、デカルトにはもう一つの主観性がある。すなわち、「心身合一の主観性」である。今度は、「第六省察」において、「心身合一」の問題を問う必要がある。

「第六省察」では、いわゆる物体の存在証明の問題と、「第二省察」においてここまでわれわれが取り上げてきた、精神と身体との実在的区別の問題が再度検討に付される。デカルトの議論を順番に辿り直すと次のようになる。物質的事物は、純粋数学の対象である限り、確かに存在する。なぜなら、純粋悟性によって明晰判明に認識されるからである。では他の物質的事物についてはどうか。デカルトはここで想像力を持ち出す。想像力とは物質的なものに関わる能力であるが、それによればやはり物質的事物は存在するように見える。しかしここに問題がある。想像の働きと悟性のそれとは異なるからである。悟性の場合には、精神は自己を自己自身に関係させるのに対して、他方想像力においては、精神は自己を自己以外のものに向ける。すなわち、想像力は、物体において、思考され、また感覚によって知覚された、観念に対応する何ものかを直観する。しかし、想像力の場合、この何ものかの存在については「蓋然的」なものでしかない。さらにデカルトは色や音や味や苦痛について取り上げて、感覚の問題の捉え直しを行なう。今度は、私は「或る特別な権利をもって私のもの」と言いうるような身体をもつ。しかし、感覚の捉え直しの結果、以下のことが判明する。私の本性は「考える」ということにあり、身体をもちそれと緊密に結合してはいるが、私自身は「考えるところのもの」であることには変わりはない。また、悟性の働きと想像や感覚のそれとは異なるものである。そうであれば、どこにも「心身合一の主観性」の介在する余地はない。

しかし、これで終わりではない。最後にデカルトは、能動と受動の関係を取り上げ、私の中には「或る種の受動的能力、すなわち感覚的能力、詳しく言えば、感覚的事物の観念を受け取り認識する受動的能力」があると言う(10)。ところで、このような「受動」があるためには、当然「能動」がなければならない。しかし、「能動」は私の中にはない。それは私以外のもの、すなわち物体にある。したがって、物体は、私の中に感覚的事物の観念を産出し、実現するところのものである。ここからデカルトは、神は欺瞞者ではありえないということを使って、物質的事物は存在すると言う。これがいわゆる物体の存在証明である。ただし注意しなければならないのは、この議論は先の「心身分離」に帰着するそれとは同じではないという点である。

以上のような物体の能動による精神の受動が成り立つためには、私が身体をもち、それと緊密に合一した、心身の合一体でなければならないはずである。もっと言えば、デカルトの言うように、私が身体として諸々の物体の間にあってさまざまな影響にさらされているからこそ、それが可能になるはずである。言い換えれば、私が「心身合一の主観性」であるからこそ、能動と受動の関係が成り立つのではないか。そうであれば、ここでデカルトは「心身分離の主観性」から「心身合一の主観性」への転換をはかったということであろうか。しかし、事態はそう単純ではない。その後デカルトは「自然の教え」について見直しをしたうえで、二つの主観性の間を動揺し、最後には再度「心身分離の主観性」へと行き着く。では、なぜ、デカルトは「心身合一の主観性」を取らなかったのか。

デカルトはこのような感覚や自然の教えの見直しの過程において、そこにもなにがしかの真理が含まれていることを認める。これは「第二省察」における「自然の導き」による、あの驚くべき発見、自己を動かし、感覚や思考の能力をもつ「或る種の物体」の発見と軌を一にするものである。かくしてわれわれは一旦懐疑の罠にかかり排除されたかのように見えた、あのもう一つの身体概念と再会することになった。デカルトは次のように言う。私は身体に密接に結合し、一体化している。飢えや渇きや痛みなどの感覚による心身合一は、船と水夫との関係のような外在的関係ではなく、精神と身体との内在的合一をあらわしている。このような合一は、私が私の身体であるからこそ、あるいはむしろ私が「身体と精神とから合成されている限りにおける私全体」であるからこそ、可能になる。しかし、デカルトによれば、この主観性には限界がある。それは快苦や飢えや苦痛などのような感覚的事例に関しては有効であるとしても、物体的事物の真理を認識するといった場合には、われわれは依然として純粋悟性の作用に、すなわち精神の作用に依拠せざるをえないからである。

一体何が問題だったのだろうか。二つある。一つは、「心身合一の主観性」において、デカルトは感覚や知覚の問題と悟性や知性のそれとの統合を目指すべきだったのではないか。もう一つは、デカルトには例えば道徳の問題が示すように、テオーリアとプラクシスとの対立があり、二つの主観性の統一の道が予め閉ざされていたということである。厳密な意味での「心身の合一」の考え方は本質的には「行為」の問題への道を開くべきものであり、それはまた哲学の問題をプラクシスから始めて一から作り直す作業へと行き着くはずのものである。この作業は行為における自己覚知とわれわれが生きて死んでいく具体的な生活世界とを開き、生命と物質との統一がはかられるもう一つの近代を準備する道を開くことになったのではないか。

これはないものねだりなのだろうか。そうは思わない。しかし、知性主義の限界を突破し、狭い意味での理論と実践の対立を乗り越え、生命と物質との本質的統一をはかるには、これらの対立をその内部に包み込む真の意味での「行為」や「プラクシス」の哲学が創造されなければならない。そのためには、何よりもまず身体の問題を掘り下げ、そこから「魂の原理」から「身体の原理」への転換をはかる必要がある。今見たように、この道は『省察』のデカルトにあっては一瞬開かれ、すぐさま閉じられてしまった。もちろん、言うまでもなく、『省察』のデカルトがすべてではない。例えば『情念論』のデカルトであれば、「心身合一の主観性」の別の可能性が見られるはずである。(11) しかし、それは本章の主旨を超えた問題である。

それでは、レヴィナスの場合は、どうだろうか。二つの主観性の本源的統一がはかられ、本当の意味での「行為」や「プラクシス」の哲学への道は開かれたのだろうか。すなわち、明晰判明を旨とする純粋悟性の立場にたつ「魂の原理」から心身合一の行為の立場にたつ「身体の原理」への転換がはかられたのだろうか。レヴィナスの身体の問題に移ろう。

三

レヴィナスは「世界なき実存」において、次のように言う。「われわれは世界との関係において自分たちを世界から切り離すことができる」(12)。懐疑もエポケーも使わずに、どうやって世界から離脱するのか。またこの世界からの離脱はどこへ向かうのか。デカルトならば、懐疑によって無の淵へと落ちていく。しかし、レヴィナスは、「エキゾチスム」によって、無ならぬ、不在の現前としての「ある」の沈黙のざわめきへと向かう。既に見たように、レヴィナス自身の言葉によれば、「深淵」と「ある」とは同じものである。しかし、それは本当だろうか。

世界において、われわれは多くの事物や対象に関わっている。事物や対象は意味を与えられ一つの内面に準拠し、「実用の歯車」の中に組み込まれている。この世界にあっては、真の意味での「他性」はない。しかし、ここでレヴィナスはあの「エキゾチスム」という概念を使って、この世界にも「驚き」や「異他的なもの」が潜んでいると言う。そして、そのことを最もよく教えるのが芸術である。芸術の働きは「対象そのものの代わりに、対象のイメージ」を与えることにあるが、このようなイメージによって可能になる世界との間接的関係が「エキゾチスム」にほかならない。「エキゾチスム」は対象を世界の「外」に連れ出す。その結果、対象は自然的所有や内面への準拠から切り離され、世界の外の存在となる。それはもはや対象ではなく、他者である。

更にレヴィナスはきわめて重要な指摘を行なう。芸術の教えはそれだけではなく、知覚と感覚との区別を教える。知覚の示す「外在性」は本質的なものとは言えない。なぜなら、それは「内面性」への準拠による外在性であり、世界の「外」をもたらすわけではないからである。他方感覚は、主観に帰属するものでも知覚の素材でもない。それは主－客や内－外の区別をもたない「エレメントという非人称性」への還帰である。すなわち、事物そのものの「物質性」への還帰である。レヴィナスは次のように言う。「存在の物質性の発見は新しい質の発見ではなく、存在の形のないうごめきの発見である。存在が既にわれわれの『内部』に依拠している形の明るみの背後において――物質はあるの事実そのものである」[13]。

では、「ある」とは何か。なぜレヴィナスはそれをデカルトのように「無」と言わないのか。レヴィナスは第二節「実存者なき実存」の始まりの文章で次のように言う。「あらゆる存在者が、すなわち事物も人も無へと帰したと想像してみよう」[14]。確かに懐疑ではなく想像ではあるが、「無」は出てくる。レヴィナスはこの「無」に「実存の無名の流れ」を見る。この「無」にあっては、主客や内外の区別はないが、間違いなくそれらの差異化を含み込む出来事が起こっている。この出来事とは何か。それは主語や実詞とは関係がない。それは「担い手をもたない、無名の行為そのもの」という性格をもち、無の底で起こっている「焼尽」である。レヴィナスは、この存在の非人称的で消し難い、無名の「焼尽」の出来事を「ある」と呼び、更にそれをその人称性形態への拒否において「存在一般」とも言い換える。

このように「ある」は「無」なのである。レヴィナスもまた無へと落ちていくが、ただ注意すべきは、この「何もない」が純粋な無ではないという点である。それゆえ、それは「不在の現前」と言われることになる。この後レヴィナスは、この「ある」から、すなわちこの「存在者なき存在」から、いかにして存在者が誕生するかという問題へと向かう。細かい議論は省略するが、結局それは「存在の永遠そのもの」であり、「実存の無名の流れ」である「ある」において、「現在の瞬間」がいかにして生じるかという問題に帰着する。この転換の出来事において最も重要な概念が「定位（position）」としての身体である。「定位」とはレヴィナス独自の身体概念であるが、それは「ある」を場所や位置に限定することである。それゆえ、この「定位としての身体」は、無名の実存の流れである「ある」に「停止」や「中断」をもたらし、存在と存在者との結合を生み出す。その意味で、この定位の出来事としての身体は「現在としての瞬間の出来事」にほかならない。デカルトの場合は、無の淵から最初の確実性への転換は疑いそのものの不可疑性に基づくものであるが、既に見たように、懐疑の停止は「無限の観念」という他性の力によるものであった。レヴィナスの場合は、永遠の今たる「ある」に停止や中断をもたらすのは「定位としての身体」なのである。しかし、たとえ身体が「現在の瞬間の出来事」であるとしても、定位としての身体だけで存在者なき存在から存在者への転換、すなわち「イポスターズ」は可能なのだろうか。この問題を解く手がかりは、デカルトやマルブランシュの連続創造説にある。しかし、その前に触れておかなければならないことがある。

レヴィナスは「定位としての身体」という考え方をどこから手に入れたのだろうか。われわれは、その起源はデカルトの「私とは考えるところのものである」という定義にあると考える。レヴィナスが「もの（chose）」という言い方に注意を促していることを忘れるわけにはいかない。レヴィナスによれば、デカルトの懐疑によって排除されたのは「対象としての身体」でしかない。では、生き残った身体とは何か。これを解く鍵は「コギト」にある。レヴィナスの解釈では、デカルトのコギトの最も深い教えは、「思考を実体として、自己を措定する何ものかとして」発見し、「思考は出発点をもつ」と考えた点にある。[15]実はここに懐疑を逃れた身体が潜んでいる。それはレヴィナスによって「意識の局所化」とも言い換えられるが、要するに、思考することは、身体という出発点なしには、すなわち、身体という条件や土台や場所なしには、不可能なのである。では、なぜ、思考の出発点であるこの身体は懐疑の手にかからないのか。なぜなら、この出発点は、疑っているその最中においても、その懐疑そのものの支えになっているものだからである。つまり、もちろん疑うことも例外ではないが、この出発点としての或る種の「物体」としての「もの」、すなわち「身体」がなければ、思考することそれ自体が成り立たないということである。このレヴィナス独自のコギト解釈から、デカルトの、あの、自己を動かし、感覚し、思考する能力をもつ「或る種の物体」としての身体に戻ると、様相は一変する。

確かにこのデカルトの身体は、一旦懐疑の手にかかって排除されたように見える。しかし、それはあくまでも精神から区別された身体であって、「心身の分離」の原理を前提とした場合に限られる。では、そこに異なる原理である「心身の合一」を置くとどうなるか。その場合でも、この身体は排除されてしまうのだろうか。もちろん、そうではない。今度は、このもう一つの身体概念は心身の合一体として特別な意味をもつ。それこそ、われわれが言う「心身合一の主観性」にほかならない。ただ注意すべきは、これはそのままレヴィナスの「定位としての身体」と同じものであるというのではない。というのも、レヴィナスの身体概念は単に「心身合一の主観性」に尽きてしまうわけではないからである。むしろレヴィナスの狙いは、このもう一つのデカルトの原理に従って、彼独自の「心身合一」の哲学の形成にあった。すなわち、「定位としての身体」という概念によって、「心身合一」の問題を、デカルトには思いもよらなかった、存在者なき存在における存在者の誕生の問題として、要するに「イポスターズ」の問題として徹底化する試みを出発点とする哲学の形成である。実は、レヴィナスとデカルトの違いはもう一つある。デカルトの「深淵」は終始人称的次元にあり、レヴィナスの「ある」のように非人称的次元にあるわけではないという点である。それゆえ、「心身合一の主観性」をめぐる問題や身体の問題の違いも、この二つの次元の違いに起因するところが大きい。

ここであの「現在の瞬間の出来事」としての身体の問題にもどろう。この出来事についてレヴィナスは次のように言う。「自分自身によって存在すること。瞬間が存在するこのような仕方、それが現在であるということである。現在は歴史を知らない。現在において、時間あるいは永遠の無限性は中断され再開される。現在はそれゆえ、そこで存在一般があるだけではなく、一つの存在、一つの主体もまたあるような、存在における一状況である」[16]。要するに、瞬間の出来事は、身体は、「ある」としての「存在一般」だけではなく、一つの主体、「イポスターズ」によって出現する存在者、の両方に関わっているということである。また、現在において、「時間あるいは永遠の無限性」が中断され再開されるということである。前者は、言うまでもなく、「定位としての身体」の概念に関わる問題である。要するに、「イポスターズ」と身体との関係の問題であるが、この点については既に触れた。それゆえ、後者の問題、中断と再開の問題を取り上げよう。

現在としての瞬間は自己以外の何ものにも準拠しない。すなわち、自己自身から出て来る。またそれは自己消失を含む。瞬間は自己自身から生まれ消失する。それゆえ、瞬間は持続も連続性ももたない。ところで、なるほど瞬間瞬間はそのつど消滅するが、それはまたそのつど復活する。その意味で、身体であるところの現在としての瞬間瞬間は非連続性と連続性とからなる。問題はこの事態をどのように理解するかである。ここでデカルトやマルブランシュの連続創造の考え方に触れておこう。デカルトは、「第三省察」の中で「無限の観念」による証明の後、二つ目の神の存在証明を行なう。この証明は原因を探っていって、神の存在に到達するというものである。すなわち、今「私」はこのように存在していると仮定できる。しかし、この仮定から、「私」の存在の作者についてこれ以上追求する必要はないのだろうか。ある。というのも、「私」の一生の全時間は無数に分割可能であり、しかも各部分は他の部分に依存しない以上、次のことが帰結するからである。デカルトは次のように言う。「私がすぐ前に存在したということから、今私が存在しなければならないということにはならない。私が存在するためには、或る原因が私をこの瞬間にいわばもう一度創造するということ、言い換えれば、私を保存するということがなければならない」[17]。デカルトは続いて創造と保存とが同一の事態である点を強調し、さらに問う。「私は現に存在するところのこの私をすぐ後でまた存在せしめるような或る力をもっているだろうか」[18]。もちろん、「私」にはない。

この問いは重要である。レヴィナスの瞬間の問題もまたここにある。ただデカルトの議論は終始「現象的次元」にあるが、レヴィナスの場合は、この次元を離れて、非人称的な無名の存在の流れである「ある」の次元へ移行し、デカルトの言う「私」を「瞬間」に置き換える必要がある。デカルトの答えは「私」にはそのような力はないというものであり、それゆえ「或る原因」が連続的に創造しない限り、「私」は存在しない。では、レヴィナスはどう考えたのか。レヴィナスはそこに「瞬間そのものに内在するドラマ」や「実存を求める戦い」を見て取り、彼自身が与えた瞬間の定義、「どこかから出発するというのではない自己への到来の運動」の中に答えを探る。この定義によれば、今の瞬間はそれに先立つ或る瞬間から始まるのではなく、それ自身から、すなわち、或る瞬間の消滅から始まるということになる。それゆえ、レヴィナスの場合でも、瞬間の連続性はない。「私」と同様に、瞬間には次の瞬間を存在せしめるような「力」はない。つまり、「私」とはデカルトの言う「精神」であるが、レヴィナスの考える「瞬間」、すなわち「身体」もまた連続性をもたないということである。われわれはここから再び瞬間における「超越的関係」に戻ることになるのだろうか。そうではない。

レヴィナスは次のように言う。「創造主による創造の神秘とは別なところに、すなわち創造の瞬間において、被造物の時間のすべての神秘がある(19)」。では、「創造の瞬間」において何が起こっているのか。それは、瞬間それ自体において、瞬間の消滅、すなわち「死」と、瞬間の現前、すなわち「復活」が同時に起こっているということである。この逆説的事態をどのように考えるべきか。レヴィナスが繰り返すように、瞬間の本質は「立ち止まること」、つまり無名の実存の流れの中断や停止にある。しかし、ここには「死」はあっても、まだ「復活」はない。「復活」はどこから来るのか。あの一節を思い出していただきたい。現在としての瞬間において、すなわち、「定位としての身体」において、「時間あるいは永遠の無限性は中断され再開される」。「復活」はこの「再開」から出て来る。すなわち、「定位としての身体」から生じる。レヴィナスは、ベルクソンの「メロディーの持続」とは区別して、「努力の持続」を言う。それは身体の「自己へと向かう努力」であるが、「現在の瞬間の出来事そのもの」でもあるこの身体は、この自己へと向かう努力によって、「無名の実存の流れ」において、すなわち「ある」において、自己自身に追いつくことに一瞬成功したかに見える。しかしこの「瞬間の成就」はすぐに消滅する。ところが、レヴィナスによれば、この消滅は消滅そのものの中に次の瞬間の誕生を抱え込んでおり、ここに「復活」の可能性がある。

この事態を「ある」の次元で言えば、「ある」から出現する「自己への到来としての瞬間」は、これは言うまでもなく「定位としての身体」において可能になるのだが、今度は「ある」へと転落し、この「ある」への回帰のうちに次の瞬間の再開として、次の瞬間の再び始めることとして「復活」することになる。かくして、身体の現在の瞬間の非連続の連続は身体自身の自己へと向かう努力によって確保され、その次の瞬間、またその次の瞬間と、存在者なき存在と存在者との結合において繰り返されていくことになる。もちろん、レヴィナス独自の身体概念である「定位としての身体」において。

この後、レヴィナスは、「時間へ」において、瞬間の分節化の過程において見出された、死と復活の考え方を時間そのものの問題に適用し、そこから他性の問題を引き出してくる。というのも、「イポスターズ」と「現在の瞬間」の問題に留まる限り、独我論の嫌疑を免れえないからである。言うまでもなく、そこに他性を見出しこの嫌疑を晴らさない限りは、「定位としての身体」の主張だけでは十分ではないのである。しかし、この時間そのものの問題については、また稿を改めて。問題はここまでの論述で、われわれは「魂の原理」から「身体の原理」への転換に成功したかどうかである。しかし、この課題はまだ始まったところである。

註

（1）Emmanuel Lévinas, *Totalité et Infini*, Martinus Nijhoff, 1980, p. 65.
（2）*Ibid.*, p. 66.
（3）*Ibid.*
（4）Emmanuel Lévinas, *Quelques réflexions sur la philosophie de l'hitlérisme*, Rivage Poche/Petite Bibliothèque, 2006, p. 7.
（5）*Ibid.*
（6）*Ibid.*, p. 12.
（7）*Ibid.*, p. 16.
（8）R. Descartes, *Œuvres philosophiques II 1638-1642*, Edition de F. Alquié, Classiques Garnier, p. 84.
（9）*Ibid.*, pp. 185-186.
（10）*Ibid.*, p. 227.
（11）Cf. Jean Laporte, *Le rationalisme de Descarrtes*, PUF, 1988.
（12）Emmanuel Lévinas, *De l'existence à l'existant*, J. Vrin, 1981, p. 83.
（13）*Ibid.*, p. 92.
（14）*Ibid.*, p. 93.

(15) *Ibid.*, p. 117.
(16) *Ibid.*, p. 125.
(17) R. Descartes, *op.cit.*, pp. 202-203.
(18) *Ibid.*, p. 203.
(19) Emmanuel Lévinas, *op.cit.*, p. 151.

第8章　身体とその影、あるいはイメージ、リズム、音

――中期レヴィナスにおける身体の問題――

レヴィナスにおける身体の問題の始まりは、身体の熱からであった。どういうことか。身体の熱がなければ、精神も魂も理性も悟性も何もない。それゆえ、出発点は身体の経験なのである。しかし、身体の経験といっても、少し説明が必要である。それは、レヴィナスが人間の存在の基底に見出した、「釘づけされていること」や「鎖でつながれてあること」の経験である。この経験を最も広い意味で受け取れば、精神の身体へのそれということになる。別の言い方をすれば、「自我と身体との同一性の感情」ということになる。

身体のこのような根本的経験について、かつてレヴィナスは次のように語っていた。「身体とは、単に、世界の他のものよりもわれわれに近く、より親しいというだけではない。それは、単に、われわれの心理的生、われわれの気質、そしてわれわれの活動を支配しているだけではない。これらの通俗的了解を超えて、同一性の感情がある。われわれは、自我が成熟し、自己を身体から区別するようになるまさにそれ以

前に、自分の身体のこの唯一無二の熱の中で自分自身を確立しているのではないだろうか。まさに知性の開花以前に、血が確立したこれらの絆は、どんな試練にも耐えるのではないだろうか[1]」。

レヴィナスがここから出発して今どこにいるかについてはもはや詳述しない[2]。ただ、この同一性、すなわち「存在からの脱出」をめぐって、レヴィナスが行なった思考実験と自分自身の独自の経験の省察の結果、「ある」において、実存者なき実存において、実存者の誕生というイポスターズの考え方によって、「思惟する物としての身体」、「定位としての身体」に至ったという点は強調しておかなければならない。今われわれはレヴィナスと共に、この身体において、「自我と自己との同一性」、「自我が自己に鎖でつながれてあること」のうちにある。すなわち、イポスターズにおいて、実存者が実存することにおいて、その自らの存在の代償としてモナドとしての孤独のうちにある。それゆえ、問題はこの存在論的な意味での孤独がいかにして破られるかにあった。

本章の「中期レヴィナスにおける身体の問題」という副題は、二つの著作、『実存から実存者へ』と『時間と他者』以降の身体をめぐるレヴィナスの思想的動向の解明を標的にしている。具体的に言えば、第二次世界大戦後の本格的活動とも言えなくもない、一九四八年の「現実とその影」と「パロールと沈黙」という論考から最初の主著『全体性と無限』までのそれである。本章では、まずこの二つの論考を取り上げ、重複はあるものの、二つの著作以降の戦後のレヴィナスの最初の活動を確認することにする。ここでの始まりも、やはり、知性の開花以前の、自我の成熟以前の、「身体の熱」とそれ以後である。われわれの考察の方法としては、レヴィナスの言う、「存在の固有の弁証法」、言い換えれば、「存在の一般的エコノミー」である。重要なのは、「思惟する物」としての身体、「定位」としての身体、「物質性（質料性）」としての身体を標準として、直接的であれ間接的であれ、身体をめぐる第二次世界大戦後のレヴィナスの多様な論考が、あの存在の固有の弁証法や存在の一般的エコノミーの諸次元において、どのように位置づけられるかである。

一

最初は、一九四八年の論文、「現実とその影（la réalité et son ombre）」である。この標題は、われわれにすぐさま、メルロ＝ポンティの「哲学者とその影」というそれを想起させる。単純に考えれば、レヴィナスの模倣とも見られかねないこのメルロ＝ポンティの論文は、レヴィナスのそれからおよそ一〇年後に発表されたものであるが、「その影」といっても、二つの影、現実の影と哲学者の影では違いがありすぎる。もちろん、内容もまったく異なる。しかし、興味深いのは、これらの「影」の違いをうまく捉えたならば、両者の哲学の違いに行き着くかもしれないという点である。

簡単に哲学者の影を見てみよう。メルロ＝ポンティの言う「影」とは何か。それは、フッサールによって「思惟されなかったもの（l'impensé）」である。それゆえ、「哲学者とその影」という論文の主旨はこの「思惟されなかったもの」を明らかにすることにある。しかし、この考え方は彼独自のものではない。メルロ＝ポンティは、ハイデガーの言う「思惟されなかったもの」に触れた後、次のように言う。「フッサールがその生涯を閉じたとき、フッサールの思惟されなかったものがある。それはまったく彼のものではあるが、しかしながら他のものに開かれたものでもある。思惟することは、思惟の対象を所有することではない。それは、思惟すべき領域を、それゆえわれわれがまだ思惟していない領域を、対象によって限定することである。知覚された世界が物でも無でもなく、反対に、もっぱらそれらのものだけが同じ物や同じ世界の中で変化する領野を定めることになるような、物と物との間の光や影や高低や地平によって成り立っているように、一人の哲学者の作品や思惟も同じく語られた事柄相互の或る繋がりから出来ており、こういった諸々の繋がりに関しては、客観的解釈と恣意的解釈とのディレンマはないのである。というのも、こうした繋がりは思惟の対象ではないからであり、また、影や光と同様に、それを分析的観察やあるいは孤立した思惟に従属させたならば、壊れてしまうからであり、更にまた、それらに忠実であることや再発見することができるためには思惟し直すしかないからである(3)」。

少し長い引用になったが、ハイデガーから受け継いだ「思惟」と「思惟されなかったもの」をめぐるメルロ＝ポンティの意図は明確である。すなわち、思惟は自分の影として思惟されなかったものを伴う。しかし、これらのメルロ＝ポンティの文章をレヴィナスの「現実とその影」に近づけるためには、「影」を哲学者の影としてではなく、「知覚された世界」の影の側に移行させる必要がある。それゆえ、ここでは、フッサール現象学の解釈はもはや問題ではない。それでは、「知覚された世界」の影とは何か。先に引いたように、メルロ＝ポンティは、知覚世界において、それがそれとして成り立つためには、「光や影や高低や地平」がなければならないと考えている。しかし、それらは単なる「対象」や「物」ではない。それらは「物と物との間」にあるものなのである。この間にあるものは、思惟が問題になるときには、「繋がり」と言い換えられ、「分析的観察」や「孤立した思惟」によっては「物」ではなく、無でしかない。それゆえ、それらは、われわれにとって、もっぱら、思惟し直すという仕方でしか問題になりえないのである。ここまでが、先に触れた、われわれが取り上げたメルロ＝ポンティの「影」の問題である。一言でいえば、それは知覚世界における「地平」の問題なのである。

では、レヴィナスの「現実とその影」における「影」とは何か。結論から言えば、それはもはや知覚世界における地平の問題ではない。というのも、それは、世界内の問題ではなく、芸術によって開かれる非人間的世界、言い換えれば、世界の外の問題だからである。それゆえ、ここではもはや世界内存在は問題ではない。むしろ問題は、世界からの離脱なのである。注目すべきは、戦後の本格的な活動にあたって、レヴィナスが改めて芸術の問題を取り上げ、「世界の外」に触れた点である。そこにどんな意図があったのか。後に詳しく見ることになるが、実は、この「現実とその影」の議論は『実存から実存者へ』の或る個所のそれと一部重なる点がある。興味深いことに、しかも、そこには単なる反復でも延長でもない新しい試みを認めることができる。

「現実とその影」の最初の節、「芸術と批評（art et critique）」から見ていこう。まず初めにレヴィナスは、芸術に関する一つのドグマから始める。書き出しの文章は次の通りである。「一般にドグマとして認められていることだが、芸術というもの（l'Art）の機能は表現することであり、芸術的表現は一つの認識に基づいている[4]」。この認識とは何か。また、この場合、芸術家は何を表現し、何を語るのか。レヴィナスによれば、芸術家は芸術的直観や芸術的想像力によって表現しえないものを表現し、現実以上の現実を語るのである。それゆえ、問題は「言いようのないもの」であって、ありきたりのものや通俗的なものや卑俗なものの表現は問題外なのである。しかし、それは一つのドグマにすぎない。では、このようなドグマはどこから来るのか。確かに、それは、批評それ自体において見られる。レヴィナスによれば、批評家とは次のように定義される。それは、「すべてが語られてしまったときにそれでもなお語らなければならない人、作品についてこの作品とは異なることを語ることのできる人[5]」である。しかし、この批評家の定義と芸術のドグマとは、すなわち、芸術が言語や認識であることとは相入れないのではないか。つまり、もし芸術が言語や認識であるならば、そこに批評の介在する余地はないのではないか。

芸術と批評との関係について、レヴィナスは次のように言う。「もし芸術が初めから言語でも認識でもないならば――したがって芸術が真理と外延を同じくする『世界内存在』の外部にあるならば――、批評は復権されることになるだろう[6]」。では、このような関係のもとで、批評は芸術の何を問題にするのか。それは、レヴィナスが続けて語るように、批評の「知性の必然的介入」によって、「芸術の非人間性と逆転(l'inhumanité et l'inversion de l'art)」を人間の生の中に組み込むことである。ここで、「芸術の非人間性と逆転」という言い方に注目していただきたい。レヴィナスの考える芸術とは、言語でも認識でもない。それはまた「世界内存在」の外にある。そうであれば、芸術はサルトルが語るような「アンガージュマン」、すなわち世界への関わりではない。それはむしろ、「デガージュマン」、すなわち世界からの離脱でなければならない。世界の外へ、でなければならない。重要なのは、レヴィナスがこの「外」を離脱や逆ことなのである。

転によって「非人間的世界」として、「影」として、「夜」として語っている点である。繰り返しになるが、レヴィナスの考える芸術の機能とは、関わりではなく離脱によって、この世界の外へと「逆行」していくことなのである。

レヴィナスはまた現実や世界からの離脱の意味について次のように言う。「世界から離脱すること、それは常に彼方へ、プラトン的なイデアの領域へ、そして世界を支配する永遠のものへと向かうことだろうか。手前への離脱について語ることはできないものだろうか。時間の手前へと、時間と時間との『間』へと向かう運動によって時間の中断について語ることはできないものだろうか」[7]。もちろん語ることは可能である。では、この時間の手前や間や中断によって何を語るのか。それは、認識のカテゴリーに還元不可能な「存在の非-真理」とも言い換えられる、「現実の暗さ（obscurité）」である。すなわち、現実の影である。では、この「存在論的出来事としての暗きもの（l'obscur）との交流」はいかにして可能か。もはや認識や理解や了解に訴えることはできない。この出来事を芸術によって示すと言われているが、レヴィナスの「影」を語ることの困難はここにある。

レヴィナスは、芸術について、この節の最後に改めて次のように言う。「それ〔芸術〕は暗くなること（obscurcissement）の出来事そのものであり、夜の訪れであり、影の氾濫である」[8]。それゆえ、芸術は「啓示」の次元のものでも「創造」の次元のものでもない。それは、非人間的なものへの逆転そのものである、「世界の外」への転落なのである。したがって、「現実とその影」においてわれわれが語るべきことはこの外なのである。

ここで改めて、「現実とその影」の「芸術と批評」以降の節をあげておこう。まず「想像的なもの、感性的なもの、音楽的なもの」が来て、以下「類似とイメージ」、「時間の間」と続き、そして最後に、「哲学的批評のために」が置かれている。このなかで特に今われわれにとって重要なのは、イメージやリズムや音をめぐる問題、言い換えれば感覚（sensation）や感受性（sensibilité）の問題である。それゆえ、これらの問題にしぼって以下各節を検討していくことにする。とりわけイメージの問題が重要なのだが、それには理由がある。実はレヴィナスは既に、『実存から実存者へ』において、イメージの問題に触れていたからである。すなわち、「エキゾチスム（exotisme）」の問題である。言い換えれば、世界からの離脱の問題である。レヴィナスは、この著作において、「世界なき実存」の第一節「エキゾチスム」を次の文章から始めている。「われわれは世界との関係において自分たちを世界から切り離すことができる[9]」。しかし、だからといって、レヴィナスが何か特別な方法でこの世界からの離脱を考えているわけではない。では、何が、自然的世界において、われわれを「異他的なもの」へと連れていくのか。その一つが芸術である。以前にこの問題については取り上げたことがあるので詳しくは触れないが、レヴィナスによれば、芸術の基本的機能は「対象そのものの代わりに、対象のイメージ」を与えることにある[10]。エキゾチスムとは、このようなイメージによる世界との間接的関係なのである。したがって、イメージとしての対象はもはや世界の内にはない。それは「世界の外」にある。別の言い方をすれば、われわれはこのイメージを介して世界から離脱するのである。このイメージの問題はまた、知覚と感覚との違いを教える。ごく簡単に言えば、知覚は世界の「内」の出来事であるが、感覚は世界の「外」への、すなわち「エレメントという非人称性」への還帰なのである。したがって、感覚がもたらすものは、もはや対象としての事物ではない。それは、物質性（質料性）そのものとしての事物なのである。

では、「現実とその影」において、レヴィナスは再びイメージの問題を取り上げることで何を語ろうとしたのか。「想像的なもの、感性的なもの、音楽的なもの」の最初の文章は次の通りである。「芸術の最も基本的な手法は対象をそのイメージに置き換えることである(11)」。この文章は、先にわれわれが取り上げた、芸術とイメージに関する考察と何ら変わらない。では、イメージとは何か。レヴィナスは続けて言う。それは概念ではない。それは現実の行為と対象との関係を中性化する。更にまた、それは現実的な利害関心からの脱落である。この脱落に関して、ハイデガー的に言えば、イメージは「そこで対象性が力へと変転する在らしめること」からの脱却なのである。この対象性の力への変転に関して、今度は、レヴィナスは、それを能動と受動の関係として次のように言う。「イメージは、われわれの自発性をではなく、むしろわれわれを支配する力を表わしている。すなわち、それは一つの根本的受動性である(12)」。要するに、イメージはわれわれを世界から離脱させるだけではなく、われわれから権能を奪い、徹底的な受動状態に置く。したがって、われわれとイメージとの関係は、われわれの「世界内存在」から「世界なき実存」としての世界の外への転落あるいは逆行なのである。問題は、この転落の次元、すなわち「外」の次元を、最初に触れた「存在の固有の弁証法」や「存在の一般的エコノミー」に従って正確に設定することである。しかし、この問題については後に改めて触れることにして、ここでは更にイメージの問題を追いかけることにしよう。

イメージの受動性に触れた後、レヴィナスはさらに次のように言う。「イメージは音楽的である。魔術における直接見える受動性、すなわち歌や音楽や詩のそれ。美的実存の例外的構造がこの魔術という特別な語をもたらすのだが、この語によってわれわれは少々使い古された受動性という概念を正確なものにし具体化できるようになる[13]」。ここで受動性の問題に関して、身体のそれとの関連で整理しておくと、現象学的な身体の考え方では、私の身体とは「私はできる」としての身体である。しかし、先に触れたように、レヴィナスがここで問題にしているイメージはこの「私はできる」の「できる」を無効にするものである。私の身体は、もはや「私はできる」の身体、「力」としての身体ではない。身体は、今、根本的受動性のうちにある。言うまでもなく、それは、現象学的に、「引き受ける（assumer）」という仕方で言われているような「能動の受動」ではない。その意味でレヴィナスは、そこに「根本的」という語を付け加えたのである。ここまではははっきりしている。では、この受動性は存在の固有の弁証法や存在の一般的エコノミーの観点からどのような位相をもつのか。言い換えれば、この存在論的出来事としての根本的受動性の身体はいかなる場所に設定されるべきなのか。問題の大枠はこの点にある。したがって、当然、レヴィナスにおける芸術の問題、すなわちイメージの問題も、この観点に基づいて考えられなければならない。では、イメージが音楽的であるとはどういうことか。

ここでレヴィナスは、リズムの問題に触れる。リズムもまたイメージと同様に受動性の問題であるが、それは次のように語られる。「芸術の批評が示唆的でいつでも使える何らかの考え方として頻りに引き合いに出すリズムの観念は、詩的次元の内的法則というよりも、むしろこの詩的次元がわれわれを触発する仕方を示している」[14]。したがって、それはまた、われわれが「引き受ける」ものではなく、われわれに「課せられる」ものである。この意味で、リズムは受動的なのである。ただし、このリズムの受動性、すなわち、その「触発する仕方」は独特である。レヴィナスは、次のように言う。「リズムは、同意や引き受けや自発性や自由について語りえないような唯一無二の状況にほかならない――なぜなら、主体はリズムによってつかまれ、連れ去られるからである。主体は自分自身の表現の一部なのである。自分の意に反してでさえない。というのも、リズムにおいては、もはや自己はなく、自己から匿名的なものへの移行のようなものがあるからである。それこそ、詩や音楽の魔法あるいは呪文である」[15]。

これらの文章は、レヴィナスがリズムの受動性をどのように考えているかを明確に示している。その中で特に重要なのは、リズムにおける自己の不在と自己から匿名的なものへの移行である。世界内存在からの離脱や転落による世界の外への移行は、すなわち現実の影への移行は、ここで、匿名的なものとの「融即（participation）」へと至る。それゆえ、レヴィナスの言うように、リズムの存在の様式は意識的でも無意識的でもない。能動でも受動でもない。自由でも不自由でもない。もっと言えば、主観も客観もない。では、何があるのか。「影」においてあるのは、主客の一致あるいは未分のみである。どういうことか。レヴィナスは再びイメージを例にとって、次のように言う。「イメージに関しては、脱関心（désintéressement）について語るよりも関心（intérêt）について語る方が正しいだろう。それ［イメージ］は、いかなる功利性の精神もなしに、『連れてゆく』という意味で関心を引くのである。その語（intéressant）の語源的な意味において。すなわち、それは諸事物の間に（*parmi* les choses）あることを意味する。しかし、そうであっても、当然それらが置かれた場所は対象のそれでしかなかった。ハイデガーの『世界内存在』から区別された、この『諸事物の間』は夢の想像的世界の悲壮さを構成する。すなわち、主体は諸事物の間にあるが、ただ単に自分の存在することの厚みによってそうするだけではない。それゆえ、主体は『ここ』、『どこか』を要求し自分の自由を守ろうとするわけではないのである。そうではなく、主体が諸事物の間にあるのは、物として、自分自身に外的な光景の一部、しかし一つの身体の外部性ではない外部性の一部としてである。というのも、共感によることなしに、この俳優としての自我の苦しみを感じるのは観客としての自我だからである。まさしく内的なもの（l'intime）の外部性[16]」。この外部性について、「リズムと夢の根本的パラドクス」という言葉を与えている。少し長い引用になったが、きわめて重要なことが語られている。まず、指摘しておかなければならないのは、ここに、「現実とその影」の中で一カ所だけの「身体」という語が現われているということ、次にその身体の外部性と区別された「内的なものの外部性」という表現が見られるということである。では、この区別は何を意味するのか。

リズムやイメージにおいて、今われわれは「諸事物の間」にある。しかし、身体の外部性においては、レヴィナスの言うように、それらの事物の場所は依然として対象の場所でしかないのに対して、内的なものの外部性においては、同じく諸事物の間であっても、それらはもはや対象が置かれた場所ではない。なぜか。俳優と観客の比喩を用いて説明されているように、今度はこれらの事物は自分自身の一部だからである。「共感（compassion）によることなしに」という言い方に注目していただきたい。レヴィナスが俳優の自我の苦しみはそのまま観客の自我の苦しみであると主張しているように、この一致は「共感」の媒介なしに直接的に生じるのである。すなわち、この後者の外部性においては、主体はそのまま客体であり、そこには対象としての事物との関係のように、主客の隔たりはない。諸事物の間にあって、主体はそれらの物の一部であり、反対に、諸事物は主体の自分自身の表現の一部なのである。言い換えれば、内的なものはそのまま外的なものなのである。このような独特の関係ならざる関係を、すなわちこのような主客の一致や内と外の一致を、レヴィナスは「リズムと夢のパラドクス」と呼び、それを身体の外部性から区別したのである。そうであれば、このいわば「融即」の次元を「存在の固有の弁証法」や「存在の一般的エコノミー」においてどこに設定すべきなのか。それは当然、もはや定位としての身体の次元ではない。では、それはどこか。もう少しこの節「想像的なもの、感性的なもの、音楽的なもの」の議論を辿りながら、これらの問題を追究していこう。

ヒントは次の文章にある。「われわれがここでリズムや音楽的という語を使うのは、あの力から融即への転倒を考えることによってである[17]」。これを身体の言語で語ると以下のようになる。かくして、イメージによる世界からの離脱は、「私はできる」としての身体からイポスターズとしての出来事である定位としての身体を経由して、再び「ある」の融即の次元へと回帰する。それゆえ、われわれは再度リズムや音楽的なものに問いかけなければならない。

二

リズムや音楽的なものの問題とは何か。それは感覚の問題である。レヴィナスによれば、「リズムの特権的な場所」は音楽ということになるが、それは音楽家たちの仕事が「現実の脱概念化」の実現にあるからである。重要なのは、この脱概念化である。それゆえ、音という性質は対象から切り離されたものであり、その発出源とも無関係なのである。レヴィナスは、次のように言う。「音は非人称的に響く。対象への帰属の痕跡である音色でさえ、その性質の中で消滅し、音との関係の構造を保持し続けることはない。したがって、われわれが音を聴いているとき、われわれは『何ものか』を把握するというのではなく、概念を持たないままにあるということである。すなわち、音楽性は当然音に帰属している[18]」。このような音の脱概念化の経験は、改めてわれわれにイメージやリズム、そしてとりわけ知覚から区別された感覚の問題の再考を促す。

ここで、われわれの論述の見通しを予め明らかにしておくと、次のようになる。レヴィナスがイメージの音楽性を強調し、それを最もよく体現するものとしてリズムや感覚を取り上げるのには、明確な狙いがある。それは、ハイデガーの世界内存在のそれを含めて、対象や概念や実体のカテゴリーとは別物の「オリジナルなカテゴリー」を示すことにあるからである。それゆえ、「脱概念化」も、これから触れる「脱受肉化」も、この独自のカテゴリーへの離脱を目指してのものなのである。言うまでもなく、このカテゴリーとは先に示したように、「融即」のそれにほかならない。そして、イメージ、リズム、音、感受性といった一連の問題はこの存在論的次元に属している。もちろん、これらの問題は「存在の固有の弁証法」や「存在の一般的エコノミー」の下に厳密な検討に付されなければならない。感覚にせよ感受性にせよ、以上のような見通しに立って、レヴィナスの議論を辿り直す必要があるだろう。

感覚とは何か。レヴィナス自身の言い方では、「未だ知覚に転化せざる、純粋感覚」、「どんな概念ももたない感覚」、それは「知覚の残滓」ではなく、それ固有の機能をもつ。感覚のこの固有の機能とは、イメージの力、すなわち「リズムの機能」である。これは「概念とともにある実存」とは別次元にあり、この世界内存在から区別された存在論的出来事としての「感受性」なのである。感覚あるいは感受性は、その語源的意味において、美的、すなわちアイステーシスとしての感覚および感じられることを意味し、その成就は想像力とともにある。既にレヴィナスは『実存から実存者へ』において、知覚と感覚との区別について触れていた(19)。それは、知覚による外部性が内部性に準拠した世界の「外」でしかないのに対して、他方感覚による外部性は真の意味での世界の「外」、すなわち「存在の物質性」をもたらすというものであった。それゆえ、一方にわれわれの内面性に準拠した知覚の「形」の世界があり、他方に「存在の形のないうごめき」の世界の外がある。言い換えれば、後者のそれは、「主―客」や「内―外」の区別をもたない「非人称的エレメント」なのである。先にも触れたように、これらの議論は今われわれが取り上げている「現実とその影」においても、芸術の問題を含めて、ほとんど変わるところはない。むしろ、その延長上にある。ただ注意すべきは、感覚や感受性の固有の機能としてのイメージやリズムや音の問題に関しては、『実存から実存者へ』においては、本格的に触れられていなかったという点である。この著作では、芸術、すなわちイメージを取り上げた狙いはあくまでも世界の外への離脱にあったからである。すなわち、問題の中心がエキゾチスムにあったからである。

それゆえ、ここで問われなければならないのは、「現実との関わりがリズムであるような場所[20]」である。この問題を「類似とイメージ」という節に従って取り上げていこう。レヴィナスによれば、イメージの現象学はイメージに関する一種の臆見に依拠している。それは、イメージとその対象との関係の「透明性(transparence)」という臆見である。それに対して、レヴィナスの考えるイメージは「或る種の不透明性(une certaine opacité)」を前提とする。では、この違いは何を意味するのか。レヴィナスは次のように問う。「イメージは何によってシンボルや記号や語と異なるのか」。この中でレヴィナスが特に問題として取り上げているのは「記号(signe)」であるが、その答えはイメージとその対象との関係の仕方、すなわち類似(ressemblance)による。どういうことか。レヴィナスの言葉を聞こう。「記号とは純粋な透明性であり、いかなる仕方においてもそれ自身だけで価値があるわけではない。それでは、オリジナルなものに類似する独立した現実としてのイメージに戻らなければならないのだろうか。そうではないが、それは類似を次のように措定するという条件においてである。すなわち、類似を、イメージとオリジナルなものとの比較の結果としてではなく、イメージを生み出す運動そのものとして措定するという条件においてである。この条件のもとでは、当然現実は、単にそれがそうであるところのもの、それが真理において現われるところのものであるだけではなくて、自分の分身、自分の影、自分のイメージでもあるということになるだろう[21]」。

記号との違いとして語られているイメージの不透明性は、シンボルや語（mot）を別にして受け取ると、きわめて興味深い考察を含んでいる。類似ということでレヴィナスが考えている、イメージと現実との関係は、現実とその影との関係であるということである。すなわち、類似というイメージと現実との特別な関係の仕方とは、もう一つの現実である現実自身の影との関係をいうのである。これが不透明ということである。それゆえ、イメージはもう一つの、別の現実であり、オリジナルなものとしての現実の影なのである。もちろん、記号の場合にはこれと異なる。記号とその対象との関係が透明であると言われるのは、いわゆるその関係が恣意的だからである。そこには両者を結合する特別な関係は認められない。規約であれ慣習であれ、一種の約束を除けば、文字通り「恣意的」でしかない。要するに、現実とその現実自体の影との関係のような結合はそこにはないのである。そして、レヴィナスがこの点に注目した結果が、「現実とその影」にほかならない。しかも、ここで注目すべきはこれにとどまらない。イメージとその対象である現実の「現実そのもの」の理解が問題だからである。では、現実とは何か。レヴィナスは、今度は、それを「存在」に言い換えて、次のように言う。「存在は単にそれ自身であるだけではない、存在は自分自身から逃げてゆく[22]」。この後レヴィナスは、その例示として、人物と事物とを取り上げ、そこに存在の「二元性（dualité）」を見る。すなわち、それがそうであるところのものであることとそれがそうであるところのものではないこととの二元性、自分自身であることと自分自身と異なることとの二元性を指摘する。もはや改めて言うまでもないが、この二つのものの間の関係こそがイメージの、類似の関係なのである。

要するに、現実とその影という二元性の関係なのである。したがって、「現実との関わりがリズムである

ようなリズムである」とはこの影という場所である。存在の影という場所である。

更に、このような存在の影の場所の追究はアレゴリーの問題としても展開される。「寓話（fable）」を例にレヴィナスは、アレゴリーについておよそ次のように言う。アレゴリーが関わる現実はそれがそうであるところのものであるような現実ではない。それは、むしろ、自分自身から異他的なものへと逃れ去る現実、「自分自身に準拠することのない曖昧な現実」との関わりなのである。それゆえ、アレゴリーは、現実の影やイメージとの関わりであり、「対象そのものにおいてその対象を二重化するところのもの」を表現するのである。この意味で、イメージとは「存在のアレゴリーである」と言うこともできる。以上のことをレヴィナス自身の言葉で要約すると、次のようになる。「存在とは、それがそうであるところのもの、それが真理において現われるところのものであり、それと同時に自分に類似し、自分自身のイメージでもある。そこではオリジナルなものは、まるでそれが自分から隔たったものであるかのように、まるでそれが自分自身から退却したかのように、まるで存在の中の何ものかがその存在に遅れたかのように与えられる」(23)。それゆえ、イメージの特徴である「対象の不在の意識」は、もはや中性化的変様ではない。それはむしろ「対象の存在そのものの変化」でなければならない。このことは重要な意味をもつ。絵画を例にして語られているように、この存在の変化は対象の「脱受肉化」であり、対象ならざる対象として、その影や反映として、われわれを「現実の彼方」にではなく、「現実の手前」へと誘う。これこそ、レヴィナスがジャン・ヴァールから借りた「下降的超越（transdescendance）」にほかならない。

彼方への超越ではなく、この手前への超越という考えによって、さらにイメージと類似の存在論的次元とその芸術的機能を問題にしていくとどうなるか。レヴィナスが現実のイメージによって問題にしている事態は、「現実の本質的な裏地」、「手前の曖昧さ」としての影や反映である。これらは、ちょうど私の身体とその影の関係のように、本質的裏地である限り、現実とともにある。それゆえ、現実は二元性あるいは二重性や曖昧さを免れることはできない。イメージは常に現実について回るのである。しかし、この事態は単に現実や世界の側の問題に尽きるものではない。レヴィナスが指摘するように、この二重性や曖昧さは光や思考や内面性にも影響を与えるのである。レヴィナスは、次のように言う。「現実全体は、その啓示と真理とは別に自分自身のアレゴリーを自分の表面に携えている。芸術は、イメージを使うことで、単にアレゴリーを映し出すだけではなく、これを成就するのである。ちょうど真理が認識によって成就されるように、アレゴリーは芸術において世界へと導入される。存在のもつ同時的な二つの可能性」[24]。二つの可能性とは、言うまでもなく、真理とアレゴリーの可能性である。レヴィナスは、この二つをプラトンに従いながら、それらをさらに「存在とその開示」と「存在とその反映」とに分解する。すなわち、真理と非-真理との対立である。この対立はまた、理性的なもの(叡智的なもの)と感性的なものとの対立であり、言い換えればそれはまた精神と身体との対立でもある。もちろんわれわれが今問題にしているのは、後者、アレゴリーの側である。すなわち、現実の影の場所である。かくして、イメージの問題と感覚あるいは感性的なものの問題とが一つになる。広い視野に立てば、非-真理の問題、イメージや類似やリズムやアレゴリーの問題は、感性的なものをめぐる問題なのである。要するに、身体の問題なのである。

「現実とその影」の影の問題について、すなわち、この感性的なものをめぐる問題について、レヴィナスは次のように言う。「それゆえ、影の観念は、類似のそれを存在の一般的エコノミーの中に位置づけることを可能にする。類似は存在のイデアへの融即ではない、（中略）それは感性的なものそれ自体の構造そのものである。感性的なもの、それはそれが自己に類似しているという限りで、それが存在するという自分の勝ち誇った働きを離れて、一つの影を投げかけ、暗い捉え難い本質を解き放つ限りで初めて存在するのであり、この幻の（fantomatique）本質を、真理において開示される本質と同一視することなど何ものをもってしても許されざることなのである」[25]。感性的なものの救出は、かくも困難な道を辿らなければならないのである。「幻の本質」とは言い得て妙である。もはや「下降的超越」については説明するまでもない。レヴィナスがあえてそこから「倫理的意味」を切り離してこの語を用いた真意を考慮に入れれば、それはイメージと類似によって露呈した「絶対者の堕落と腐食」の現象を指示している。では、それはわれわれにとってはどのような問題なのか。それは、身体の問題を、すなわち感性的なものの問題を、「存在の固有の弁証法」や「存在の一般的エコノミー」において正確に位置づけるという問題にほかならない。

しかし、この試みは、言うほど簡単ではない。先ほどから問題になっている「手前」がどこに位置づけられるかを具体的に示さなければならないからである。この節の最後に、「時間の間（entretemps）」に従って、この問題を取り上げることにする。レヴィナスはこの時間の間や時間的間隔を主題とした節の試みを次のように始める。「イメージが存在の影であると言ったからといって、今度は、われわれが語ってきた手前が**どこ**に位置するかを示さない限りは、それは一つのメタファーにすぎないということになるだろう。非生命性や死について語ってもわれわれを前進させることにはならないだろう。というのも、その場合には、予め、物質性そのものの存在論的意味を語るということが必要となるからである[26]」。言うまでもなく、この物質性（質料性）の存在論的意味の問題はきわめて重要である。それは手前の位置づけの問題だからである。この問いに続けてレヴィナスはジロドゥの名をあげ、現実とその現実が自ら有するイメージとの、すなわちカリカチュア、アレゴリー、絵画性といったものとの二元性、二重性を取り上げ、「偶像としてのイメージ」に言及し、イメージの「非現実性」の存在論的意味の問題に触れる。この問題はもちろん物質性の存在論的意味の問題の延長上にあり、それは次のように語られる。「今度は、存在するという働きそのものは、存在の存在すること（*l'exister*）そのものは、見かけ上の存在することによって二重化される[27]」。存在の二重化の問題については、われわれは既に、存在のそうであるところのもの（真理）とそうでないところのもの（イメージ）との「二元性」という語で指摘した事態でもある。それゆえ、この指摘自体は新しい問題というわけではない。しかし、この「見かけ上の存在すること」による二重化の指摘の狙いは、別なところにある。その狙いとは、非現実性（非実在性）の存在論的意味の問題を「時間の間」の問題へとつなげていくことである。では、見かけ上の存在することとはどういう事態をいうのか。

　レヴィナスは次のように言う。「イメージが偶像であるということ、それはすべてのイメージが結局は造形的であり、すべての芸術作品が結局は影像であること、すなわち、時間の停止、あるいはむしろ時間の自分自身に対する遅れを肯定することである。しかし、重要なのは、いかなる意味で時間が自分を停止させ自分から遅れるのか、またいかなる意味で影像の存在することが存在の一つの見かけ上の存在することなのかを示すことである」[28]。以上のように、イメージが造形的であり影像であること、それはまた時間の停止や遅れでもあること、そのことと存在の見かけ上の存在することとは一つのことである。レヴィナスは続けて、「瞬間のパラドクス」に触れる。ただし、この瞬間のパラドクスとは「未来なしに持続する瞬間」のそれである。もちろん、通常、瞬間は持続しない。しかし、影像はこのパラドクスを実現する。影像において、瞬間は持続するのである。どういうことか。この瞬間の持続は「ほとんど永遠の持続」とも言われるが、レヴィナスはこの逆説的な持続を次のように表現する。「影像の生あるいはむしろ死の内部で、瞬間は無限に持続する。すなわち、永遠にラオコーンは蛇に締め付けられたままだろうし、永遠にモナリザは微笑むだろう。永遠にラオコーンの張る筋肉に浮かぶ未来は、現在となることはないだろう。永遠にまさに開花しつつあるモナリザの微笑は、開花することはないだろう。永遠に宙吊りされた未来は、影像の立つ場所の周りを漂う。ちょうど、永遠に到来しない未来のように。未来の間近さは、消失という現在の本質的特質をもたない瞬間に先立って持続している。瞬間は、現在という任務を果たすことは決してないだろう。あたかも、現実が自分自身の現実から撤退しそれを無力な状態に放置するかのように。そこで、現在が、何も引き受けることができないような状況、どんな責任も引き受けられないような状況、それこそ非人称的で匿名的な瞬間」[29]。少し長い引用になったが、影像の逆説的持続に関してきわめて興味深いことが語られている。確かに、瞬間は持続しない。しかし、瞬間は持続する。それをレヴィナスは影像の瞬間のパラドクスと言う。引用の文章で明らかになったのは、しかしながら、この瞬間とは、「非人称的で匿名的な瞬間」であるということである。この事態をレヴィナスは、瞬間の「持続に対する非 - 無関心さ」とも表現する。この瞬間はまた永遠から由来したものでもない。こうしたレヴィナスの理解は、ここから、悲劇と喜劇との混交である「詩人たちの特別な力」に触れた後、未来と断絶した現在という「運命」の問題へと移行し、先に指摘した例の「手前」の位置づけの問題に関しては、およそ次のように語られる。芸術作品とは何か。それは「存在の暗くなること（obscurcissement）の出来事」にほかならない。この存在の暗さや隠れはこれまで存在の影と言われてきたものと同義であり、存在の啓示や開示、要するに存在の真理とパラレルなものである。すなわち、芸術作品という出来事は存在の現われであると同時に隠れでもあるということである。しかし、レヴィナスの狙いは、このような隠れるものの隠れなさ、暗くなるものの明るさにあるのではない。そうではなく、「存在の一般的エコノミーにおいて、芸術は、時間の手前への、運命への、落下の運動である[30]」。もはやあえて言うまでもないが、手前とはこの芸術が落ちてゆく「時間の手前」なのである。つまり、「存在の一般的エコノミー」の次元設定の問題において改めて確認すると、それはあの非人称的で匿名的な瞬間なのである。

では、この瞬間の次元をどのように考えるべきか。レヴィナスは芸術という限定的問題から離れて、それを「時間の間」や「時間的間隔」として捉え直す。どういうことか。レヴィナスは次のように言う。「ベルクソン以降、われわれは、時間の連続性が持続の本質そのものであると習慣的に思っている。持続の非連続性についてのデカルトの教えは、せいぜい、虚偽の問題の起源とみなされた、その空間的痕跡において把握された時間のイリュージョン、持続を思惟できない理解と思われている[31]」。もちろん、レヴィナスはそうは思っていない。デカルトの非連続性の教えは、ここでは詳細は省くが、瞬間の救済につながるきわめて重要な意義をもつ(32)。逆にレヴィナスは、デカルトに従って、瞬間の停止という「パラドクスそのもの」に注目する。すなわち、時間のなかにその連続の不確かさを、「生の飛躍の裏地である死」を、見ている。ベルクソンにはなかった見方である。レヴィナスは、死の問題に触れながら、瞬間のパラドクスについて次のように言う。「無としての死、それは他者の死であり、生き残ったものにとっての死である。『死ぬこと』の時間そのものは別の岸を提供できない。死の瞬間がもつ唯一無二性や悲痛さは、受け入れることができないという事実に由来する。『死ぬこと』において、未来の地平は与えられるが、それは新しい現在の約束としての未来ではない。すなわち、ひとは時間的間隔、永久に時間的間隔にいる(33)」。この文章の後レヴィナスは、このことを、エドガー・ポーの短編の登場人物たちを例にして、ちょうど生きたまま地中に埋められたような状態、生と死の間にいつまでも宙吊りにされた「時間と時間との間」、すなわち「瞬間」に触れ、「死は十分には死ではないし、生きているものの持続とパラレルに時間的間隔の、すなわち時間の間の永遠の持続が流れている」という言い方で表現する。

存在の影としてのイメージの存在論的次元は、かくしてこの時間と時間との間にある。そして、このことを芸術一般に関して言い直すと次のようになる。「芸術は時間的間隔において、存在が踏み越える力をもつが、その影が不動化する領域において、まさしくこの持続を成就する。影像が不動化する時間的間隔の永遠の持続は、概念の永遠とは根本的に異なる。それは決して終わることのない、今なお持続する時間の間であり、非人間的で怪物的な何ものかである(34)」。しかし、この事態によって、レヴィナスが問題として指摘した瞬間の停止あるいは死というパラドクスが明らかになるのだろうか。確かに、芸術は存在の影を求めて、存在のなかに瞬間の死を導入する。しかし、それは同時に、その死が完全でないがゆえに、エドガー・ポーが示したように、生と死の宙吊りとしての生き埋め状態にある不完全な停止として現われる。要するに、瞬間はいつまでも終わらないのであり、死なないのである。すなわち、時間的間隔や時間の間における持続である。瞬間の停止のパラドクスとは瞬間の非連続の連続という事態、言い換えれば、瞬間の死と復活という事態であるが、この事態が成り立つためには瞬間の「十分な死」がなければならない。もちろん、レヴィナスはこのことに自覚的である。レヴィナスの言うように、芸術による存在への各瞬間の死の導入は曖昧さのなかにあり、そこで問題になっている瞬間は生きた瞬間ではないのである。では、瞬間の停止のパラドクスにおいて見出される生きた瞬間とはどのような事態をいうのか。それは、「生成の救済がそこへと開かれているような瞬間」であり、「そこでそれが終わり自己を超出するような瞬間」である。この瞬間においては、各瞬間の終わりや停止、すなわち消失や死があり、同時にそれが他の瞬間として復活するのでなければならない。すなわち、存在の死と復活がなければならない。この事態は、以前われわれが「身体の外部性」と区別された「内的なものの外部性」において触れた事態とも同じ問題である。それは、今度は、「主体それ自身が自己に対して外的であるような全面的外部性[35]」の問題である。この内と外とが一つであるような融即には、終わりも停止も死もない。結局、何が問題だったのだろうか。

　レヴィナスは、芸術の可能性をぎりぎりまで追究した後で、「現実とその影」の最後の節「哲学的批評のために」の末尾で次のように言う。「実際重要と思われるのは、他人との関係のパースペクティヴを介入させることであろう。この他人との関係なしには、存在はその現実において、すなわちその時間において、語られるといったことはありえないだろう(36)」。

三

レヴィナスがあえてその倫理的意味を切り離して取り上げた、ジャン・ヴァールの「下降的超越」の概念は、「現実とその影」の狙いを考える上で、非常に示唆的である。なぜなら、存在の影である、イメージやリズムや類似といった観念を、「存在の固有の弁証法」や「存在の一般的エコノミー」においてどのように位置づけるかという問題に対して、一つの解答を与えているからである。存在者の誕生としてのイポスターズの次元から見て、それらの観念の探究は新たな存在の出来事の探究ではあり得ない。影や暗さという表現からも解るように、それらの探究は決してイポスターズの彼方への超越ではなかったからである。そうではなく、それはむしろ手前への超越でなければならなかったはずである。あるいは、そう言ってよければ、別の超越でなければならなかったはずである。現実とその影の問題は、単に現実と対になった非現実との関係の問題ではない。それらは、「存在の一般的エコノミー」において同一の次元に位置づけられるような問題ではないのである。現実とその影は、現実の非現実でなければならない。レヴィナスは、芸術および芸術作品を取り上げることで、この存在者の出現の「手前」を探究した。哲学的に言い換えれば、それは自分に類似する限りでの存在である「感性的なもの」の暗くて把握できない「幻の本質」の問題であった。われわれの言葉でいえば、それは定位としての身体とその影の問題である。

では、同じ一九四八年の哲学コレージュでの講演「パロールと沈黙」の論考の狙いとはどこにあるのだろうか。われわれは、多岐にわたるこの論考を主にこれまでの考察との関連で、「音の現象学」の節を中心に取り上げることになるが、ここでもやはり鍵になる考え方は「存在の一般的エコノミー」である。すなわち、「言語（langage）」をこのエコノミーにおいて、どの次元や場所に位置づけるかという問題である。もちろん、言語と言ったからといって、それは狭義のそれにとどまるものではない。むしろそれは、レヴィナスの言う意味での社会的関係や社会性を意味する。それゆえ、二つの論考の時間的順序の問題とは別に、前節でわれわれが最後に指摘した、「他人との関係」の問題が言語の問題を取り上げることによって考察の主題に置かれていると考えられる。もちろん、この「パロールと沈黙」においては、レヴィナスのこれまでの論考、『実存から実存者へ』と『時間と他者』という二つの著作の議論の繰り返しも決して少なくない。しかし、それにもかかわらず、ここで新たに付け加えられたものも散見される。例えば、「教え（enseignement）」などはその代表だろう。教育の現象への注目は、社会や社会的関係の問題を考える上できわめて重要である。しかし、この主題は、別の講演（一九五〇年）資料に基づいて、改めて取り上げることにする。

最初の節「言語の悲惨と偉大さ」の書き出しの文章。「現代哲学や現代文学では沈黙の称揚がある。秘密、神秘、幻惑的言葉なき世界の測り知れない深さ。おしゃべり、慎みを欠いた言動、言いたい放題——パロールはあの沈黙の魅力を駄目にしてしまう(37)」。一読して解るように、「パロールと沈黙」と題された講演の意図がここにある。パロールは沈黙と対立するどころか、沈黙の魅力や厳かさやパスカルの恐怖さえも破壊する。レヴィナスの議論はここから始まり、その後、思考と言語との関係という広い視野のもとでの考察へと移行する。すなわち、言語に対する不信と思惟の独立性への信仰である。このようなコンテクストでは、言語の本質でもある「他人への呼びかけ」は意味をもたず、言語は思考を伝える道具でしかない。つまり、思考の記号としての言語という考え方である。レヴィナスによれば、このような言語への不信や疑わしさは言語と思考との奴隷的関係に起因する。言語の機能は常に「思惟や光との関係のうちで理解されてきた」のである。すなわち、「理性の組織化する力――包摂することを可能にする全体化する力――は、これまで言説の力を抑え込んできた。ロゴス、言葉であり理性でもあるロゴスは、その基本的なカテゴリーや論理を文法のなかで取り押さえられるがままであった」[38]。要するに、言語や言葉は、光としての思考あるいは理性の下僕あるいは奴隷であり、従属下にあったということである。しかし、言語の役割はこれに尽きるものだろうか。もちろん、そうではない。言語に対して、思考を伝える手段以上のものと考える立場もないわけではない。レヴィナスはその歴史的考察やフッサールやハイデガーの思想の検討を付け加えた上で、それでもなお、言語の働きは思考の従属下にあると言う。なぜか。レヴィナスによれば、言語についてのこうした考え方には或る種の前提があるという。この前提について、彼は次のように言う。「実際、言語についてのこのような考え方は、より深いテーゼに基づく。すなわち、パロール以前に、思惟する者はそれぞれ自分たちの側で沈黙のうちに存在に到達しているのであり、パロールは言語が名指し普遍的なものとして現実化するこれに先行する真理のうちに既にあるのである」[39]。更にこのテーゼから二つのことが帰結する。一つは、思惟する者の複数性はそれを統べる「唯一の理性」に帰着するということ、それゆえ複数であることは意味をもたないということであり、もう一つは、真理は「存在の沈黙の啓示」であり、それは理性に現われるということである。

しかし、ここに見られるのは、思考と言語に関する二重の否定である。一つは言語から分離された純粋な思考という神話は思考それ自身のみならず、言語についての積極的かつ本質的意味を毀損するものであるということであり、二つには純粋思考という思考の神話化は言語のみならず沈黙の意味をも破壊するものであるということである。問題は、まさしく、「パロールと沈黙」の関係を正当に理解することなのである。では、この問題をめぐって、レヴィナス自身の立場はどこにあるのだろうか。次に、第五節「われわれの方法と立場」を見ていこう。この節の始まりの文章。「沈黙と言語の間の関係についての、思考の記号としての、また思考への隷属としての、言語についての研究は、それゆえ、われわれに、単に人間学的ではないようなパースペクティヴを開く。そして、語る人格の概念の中に、また言語が表現し啓示する思惟や理性の概念の中に、さらにはパロールが設立したり前提したりする社会的関係の概念の中に、実存することとの諸々の分節化されたものを見極めなければならない。その場合には、人間学の諸構造を存在の一般的エコノミーへと還帰させるやり方、すなわち、人間学を存在の厳密に人間的部分の彼方へともたらすやり方を存在論的と呼んでいいかもしれない[40]」。これらの文章が明確に示しているように、問題は言語や沈黙の研究が人間学には収まらない領域を開くという点にある。レヴィナスが「存在の一般的エコノミー」という考え方を持ち出すのは、そのためである。したがって、レヴィナスの方法は、当然このエコノミーにおいて、人間学的なものを位置づけ直すということになる。それは確かにある意味では「存在論的」試みではあるだろう。しかし、続けてレヴィナスが語っているように、それはハイデガー的なものでもヘーゲル的なものでもない。むしろその試みは、彼らの存在論、とりわけハイデガーが存在了解の概念によって明らかにしたような成果を相対化するためのものである。レヴィナスはこれを受けて言語の問題を取り上げる狙いについて次のように言う。「したがって、人間はできる（pouvoir）であり、所有であり、力（puissance）と支配への意志である。存在論とはこのできるそのものを存在の一般的エコノミーの中に位置づけるものである。それこそ、われわれが目指す目的である(41)」。

人間学と存在論との関係は既に明らかである。興味深いことに、ハイデガーは人間を「できること」としての「力」、あるいは「力への意志」とするが、ここでレヴィナスはそれを「存在の一般的エコノミー」において相対化する試みに存在論的という呼称を与えている。言うまでもなく、言語の問題はその一端なのである。それゆえ、この言語の位置を「存在の一般的エコノミー」において明らかにするという課題は、その出発点としてイポスターズをもつことになる。すなわち、それは、存在者の、言い換えれば主体の出現としての「定位」の問題であり、存在者によって引き受けられる「環境（ambiance）」や「純粋な力（force）の領野」としての存在の問題である。「存在のエコノミー」の次元設定の問題からすると、われわれが前節まで取り上げた次元とほぼ同様である。ただし、身体という用語で言い直すと、少し違いも見られる。前節では芸術の分野において「私はできる」という現象学的な身体の手前、現実の影としての身体の影が問題であったが、ここではむしろこの権能としての力や所有や支配と力への意志の起源への探究の問題への傾きが見られる。しかし、それはまた翌年の「力の起源」以降の論考の問題であり、ここでは、主題になっているのはあくまでも「定位」に基づく「社会的関係」や「表現の超越」の問題なのである。われわれとしては、存在の影としての手前の問題に対して、同じく音の問題を取り上げた節、「音の現象学」を検討することで、二つの論考の微妙な違いについて考えていきたい。

改めて確認すると、ハイデガー的存在論、レヴィナスによれば、存在の出来事のすべてを「了解」と捉える存在論は、主体の哲学でもある。それはまた、「外部性」という語で言い直すと、主体が世界の中心にあり、それが「外部にあるとはいえ、あたかもすべてが一つの内部からやって来たかのようであるところの外部性」の哲学、すなわち光の哲学でもある。それゆえ今、二つの世界が対立している。光の世界としての、イポスターズあるいは主体の世界と、夜の世界としての、イリヤの世界との対立である。意識や理性は、当然、前者の世界を構成する。イポスターズにおいて何が起こったのか。レヴィナスは言う。「意識によって、主体は、自己を措定し、開始する——主体は自己以前に何ものも所有せず、すべてを自己から引き出すのであり、主人なのである[42]」。このような主体の自己措定、それこそ名詞化され、存在への定位と言われる存在論的出来事である。ここでは意識によってという言い方がされているが、それは身体による定位にほかならない。この意識はまた、理性、知、人格、自由、力、知解作用、我有化でもある。ほとんどの哲学はここから始まるのだが、レヴィナスはその道をとらない。ハイデガーの存在論との対比で言えば、レヴィナスの存在論、すなわち存在に対する存在者の優位は、「存在者と出会ったという必要性」の事実の強調なのである。したがって、存在者との出会いの必要は他者と言語の問題に帰着する。その場合、他者は対話者であり、言語はその他者への呼びかけということになる。そうであれば、言語はもはや思考の記号でもコミュニケーションの道具でもない。反対に、言語こそが思惟と伝達を可能にするのである。レヴィナス的な存在論に立てば、主人としての、一切の権力者としての、主体から始まる哲学は、ハイデガーの存在論も含めて、もはや根源的とは言えない。身体で言えば、現象学的な「私はできる」の身体はもはや始まりの身体ではない。レヴィナスの卓抜な表現によると、定位としての身体はもはや受動でも能動でもなく、その外部にある身体なのである。したがって、ここでのレヴィスの試みは、この外部性を言語と沈黙の関係を追究することによって、すなわち社会的関係や社会性の問題を追究することによって解明することにある。

では、この論考におけるレヴィナスの「私はできる」の「力」から離れての試みはどのようなものなのか。鍵となる観念は、「了解」に対置された「教え」の観念、要するに、広い意味での教育の現象、「教えることと教えられること」、「師と弟子」の関係である。改めて、「了解する(comprendre)」とは何か。レヴィナスは、「言語と社会」の節において次のように言う。「了解するとは自己を対のうちに措定することである。了解された観念はそれを了解した者の所有物になり、その結果、人格相互の関係はあたかもそれがなかったかのようになる。沈黙は結局理性のエレメントであり、諸々の記号があれば十分である。しかしながら、もし実際に現実的な間人格的関係があるとすれば、その関係はこのコミュニュオンそのもののうちにはない。それは教えによって明らかになる[43]」。「教え―教えられる」が強調されるのは、それが合一や統一や融合としてのコミュニュオンではないからである。人格と人格との関係が現実のものであるためには、そこに分離がなければならない。レヴィナスの言い方では、理性そのものにおいて切断があり、他動性がなければならない。対における同一性ではなく、分離における異他性がなければならない。「教え」が必要とされる所以である。レヴィナスは、次のように言う。「光が外部性の内部性への転換であるとすれば、教え、テレ-ロジー（telé-logie）は光のエレメントの中でではなく、音のエレメントにおいて生じる――教えとは聴くことなのである。感覚である限りで光であるところの、言い換えれば内部性に転換するところの音の感覚が単に感覚でないのは、光でないのは、その音の感覚が他人を前提としているからである。すなわち、内部性に転換不可能な他者の顔を前提としているからである」(44)。

かくして、われわれは、なぜ言語が思考の記号であってはならないのか、なぜ社会的関係としての他者性が重要なのか、なぜ教えが必要なのかを辿り直しながら、音あるいは音の感覚の問題に行き着いた。それはまた「語ること」だけではなく、「聴くこと」、聴覚の問題でもある。この後、レヴィナスは、「教えの社会性」、「知解作用と宗教」、そして主体の問題を取り上げた「わが家にいること」の節を経由して、「音の現象学」に至る。紙幅の関係上、これらの節に触れることはしないが、「表現の超越」の問題にだけは触れておかなければならない。その後で音の問題の考察に移ることにする。なお、「教え」、「主体」、「知解作用」、「社会性」、「存在の栄光」等の問題については機会を改めて取り上げることにする。

存在への定位は行為ではない。このテーゼは以前の著作から一貫したレヴィナスの考え方である。それはまた超越なき超越である。しかし、この後者の超越には注意が必要である。言うまでもなく、それは「力」や「知解作用」の超越ではない。それは「表現の超越」である。この問題に関して、レヴィナスは次のように問いを立てている。「いかにして存在は自己のうちにあると同時に外部にあるのか。いかにして外部はそれが否定を見返りとすることなく可能なのか。いかにして神秘は冒涜されることなしに啓示されうるのか。知解作用ではあるべきではないこうした外部との関係はいかなる関係なのか」[45]。これらの問いへの解答が「表現の超越」の問題にほかならない。それは「存在の栄光」の観念を経由して次のように語られる。「そして、投企によって実行される力と知解作用の超越とは別の超越――それはまさしく表現である。ここで感性的な原型であるのは光でない。そうではなく、音である。存在することの栄光における、存在との関係――それは聴くことである[46]」。

われわれがレヴィナスにおいて「表現の超越」に出会うのは初めてではない。既に『時間と他者』において、時間的超越、空間的超越と並んで言及されていた。それは「女性的なもの」をめぐる問題に関して、空間的超越や表現的超越とも異なるエロス的関係の強調という文脈のもとでの言及であった[47]。しかし、そこでは、表現的超越がどのようなものであるかについての詳しい説明があったわけではない。それゆえ、三つの超越、時間的、空間的、表現的と呼ばれた超越の関係といった問題もほとんど手つかずのままに終わっている。われわれには宿題として残された問題であったが、それはレヴィナスにとっても同じである。今、その課題の一端を、ここでわれわれが取り上げる「音の現象学」の節において、垣間見ることができるだろう。では、この「表現の超越」とはどのようなものなのだろうか。また、それが光の超越である力や知解作用といかなる意味で異なる超越なのだろうか。

書き出しの文章は次の通りである。「音は他の諸感覚のうちの一つの感覚としてまずわれわれに現われる。したがって、それは光の世界の一部なのである。それは、あらゆる光と同様、主体に準拠する。それ

〔音〕は、外部から到来し聴かれることによって、あたかもわれわれから来たかのようである。この場合、聴くということは、その目的が明証性である了解することの同義語でしかない。しかしながら、音の音性（sonorité）は何に存しているのか」[48]。レヴィナスの答えは、「反響」にというものである。それは光の世界には収まらない。レヴィナスによれば、音とは「破裂（éclat）」であり、社会的には「スキャンダル」である。それゆえ、透明な世界である光の世界とは異なり、音の世界は包摂による世界の所有とも、連続性とも、形式と内容の一致とも無縁である。光の世界では、内容は単なる素材であり、形相がなければ意味をもたない。「他なるもの」は「我有化」によって「我れ」に吸収され、孤独とソリプシズムが君臨する世界が成立する。反対に、音はこの世界を根底から切り裂く。「音の本質は断絶（rupture）」にあり、それは決して光の世界へと行き着くことのない「純粋な断絶」である。ただし、この場合でも、誤解してはならない。断絶と言っても、それは根本に連続性を置いたそれではないし、空間的連続性や普遍性に回収されてしまうようなそれでもないからである。そのように注意を促した上で、音の音性についてレヴィナスは次のように言う。「感覚的質である限り、現象である限り、音は光である。しかし、それはそこで世界が破裂する光の一点であり、そこで世界が溢れ出る光の一点である。この感覚的質のそれ自身による溢出、この感覚的質の自分自身の内容を支えきれないという無力さ――それこそ音の音性そのものである」[49]。すなわち、音が光の世界の一部でありながら、単にそうではないことの意味がここにある。音はその世界にあって、同時に、そのような光の、知の、力の、所有の関係を内側から破壊するのである。レヴィナスの別の表現では、音や聴くことは、われわれに、光や孤独とは異なる「存在の栄光（gloire）」を教えるのである。そして、この存在の栄光は他者性そのものに由来するのである。

こうした考察を、レヴィナスの言う、「音の現象学」のもう一つの面から見るとどうなるか。すなわち、音は、他の感覚、色や形や匂いや味や手触りと比べるとどこがどう違うのか。レヴィナスによれば、音は「不必要」かつ「贅沢」な性質である。音を出すためには、事物を損なわなければならない。レヴィナスは、音ととりわけ色とを対比しながら、次のように語る。「音は事物のあらゆる顕現を二重化する。大砲が発射する、鉋が削る、風が吹く、人が歩く――これらすべての動きは物音を伴う――それは、行為に対して付随的なものでしかないが、存在のあらゆる顕現のうちにある出来事のようなものをまさに告げている。反響すること、それはあらゆる実詞のうちにある言葉のようなものをわれわれに強制する。音はただ単に一つの性質というのではない。それは時間から流れ出る性質であり、この性質は時間との間で一つの関係を維持するのだが、それは色を性格づける関係とはまったく似ていない。色もまた持続をもつが、その場合、時間は何らかの仕方で時間上を経過して行く。他方音は、あたかも音が時間そのものの移動あるいは反響であるかのように、あたかも音が見えるものになった時間であるかのように、時間そのものを回転させる。本質的に顕現しないものの顕現、それこそ聴くことと見ることとの違いである。音はこの顕現のよく知られているエレメントであり、光は知解作用と力のエレメントである」(50)。少し長い引用になったが、ここには音あるいは聴覚と色あるいは視覚との根本的な違いが、時間との関係において、明確に示されている。これまで語られてきたような知覚と感覚との違いではなく、より具体的に、音および聴くこととりわけ色および見ることとの差異が示されている。その違いとは、「本質的に顕現しないものの顕現」としての音の特権性である。

この特権性はこれにとどまるものではない。レヴィナスはさらにプーシキンの「預言者」という詩の一節を引きながら、音が「他の出来事の栄光」、すなわち、「他である限りでの存在の神秘」であると言う(51)。それゆえ、音は「出来事の記号」ではない。それは「栄光」であり、「神秘」なのである。ここからレヴィナスは、音を媒介にして、語やアレゴリーやシンボルの問題へと考察を広げてゆく。要するに、存在することとの関係で言えば、名詞的なものではなく、動詞的なものが問題なのである。結論としては、次のようになる。「われわれは別の仕方でそれを語ることもできる。すなわち、語は名詞ではない。それは動詞なのである。もちろん、動詞は、名詞が一つの事物の名前であるようには、一つの行動の名前ではない。そうではなく、動詞と、それが表現する実存することとの関係は、いわば存在の反響そのものである。この意味で、音の音性、それはシンボルである。かくして、シンボルはアレゴリーや記号とは別のものである(52)」。しかし、これで終わりではない。レヴィナスが音の問題を取り上げた理由は、「存在のエコノミーにおける言語の例外的場所」を明らかにすることにあったからである。語の働きが「存在の反響」に存すると言ったからといって、それはあくまでも音との類推のもとでのことである。レヴィナスの言うように、シンボルとしての音から語への、あるいは言語への「本質的変容」を演繹しなければならないのである。

レヴィナスはこの音から語や言語への変容の演繹に成功したのだろうか。しかし、それを検討する機会はもはやわれわれには残されていない。ここでは、音の音性が「他者が現出する世界の構造」の記述を可能にしているというレヴィナス自身の目論見だけを指摘しておく。また、表現の超越という問題に関しても宿題として残さざるをえないが、この「パロールと沈黙」というテスクトにおいてそれを考えるためのヒントは、レヴィナスの次のような言葉にある。「われわれは、栄光の記述とともに、表現が引き受けるべき機能の一つに到達した。すなわち、顕現されえないものを顕現させることである。それは、聴く者に対して他者の絶対性を手つかずのままに残しておくような外的なものとの関係であり、光には与えられえないようなものとの関係である。言い換えれば、それは意味作用とは異なるものである。というのも、記号は不在のものへの送り返しでしかなく、知解できないものへの送り返しではないからである。すなわち、光への送り返しでしかないからである(53)」。しかし、ここにはいくつか重大な問題が残されている。表現の超越がいかにして可能かという問題、すなわち、顕現不可能なものの顕現可能性の問題や存在の栄光の問題や教えの問題や「存在の一般的エコノミー」における音と記号、言語、シンボル、アレゴリーとの関係などの問題である。しかし、これらの「沈黙とパロール」の残された問題に関しては、これらの問題とこれ以降のレヴィナスの哲学的動向との関連で、すなわち、一九四九年の「力と起源」、そして一九五〇年の「糧」と「教え」との、またこれら一連の講演とは別に、この時期のレヴィナスにおける言語の問題の頂点に位置する「存在論は根源的か」との関連で、機会を改めて取り上げることにしたい。

最後に、以上の考察と「現実とその影」とを比較することで、音の問題に関して両者の違いについて触れると次のようになる。後者では、音あるいは音楽は狭い意味での美学的領域を離れて、感性的なもの一般の問題として、リズムの特権性を示すカテゴリーにおいて取り上げられる。それらは、イメージの問題と同様に、対象からの離脱、非人称化、現実の脱概念化の実現である。それゆえ、聴くことは、対象の把握ではなく、概念なしに存在する仕方なのである。音や音楽は、知覚から本質的に区別される感覚の感覚性の現実化であり、概念を伴う世界内存在とは異なる「実存すること」を表わしている。すなわち、「感受性」の問題である。それゆえ、音や音楽によって明らかになる感受性は、イメージやリズムのそれと同様に、存在の影、言い換えれば、存在の固有の弁証法や存在の一般的エコノミーにおいて独自の存在論的出来事として位置づけられなければならない。その位置とは、光の世界の外へ、「イリヤ」としての夜の世界の方へ、である。それはまた定位としての身体の影でもある。

他方、「パロールと沈黙」では、考察の力点は、音や音性の問題といっても、語との関係で、また「存在の栄光」という観念との関係で、社会的関係や社会性の追究、すなわち他者との関係の問題にあり、芸術において問題になっていた次元とは異なる。繰り返しを避けて、ごく簡単に言えば、それは、「存在の一般的エコノミー」における「存在への定位」において、広い意味での表現の超越の問題、すなわち「顕現不可能なものの顕現可能性」の問題なのである。

註

（1） Emmanuel Lévinas, *Quelques réflexion sur la philosophie de l'hitlérisme*, Rivage Poche/Petite Bibliothèque, 2006, pp. 16–17.

（2） 拙著『レヴィナスにおける身体の問題Ｉ――「ヒトラー主義哲学に関する若干の考察」から『時間と他者』まで――』萌書房、二〇一八年、参照。

（3） M. Merleau-Ponty, Philosophe et son ombre, in *Signes*, Gallimard, 1960, p. 202.

（4）Emmanuel Lévinas, La réalité et son ombre, in *Les imprévus de l'histoire*, Fata Morgana, 1994, p. 123. なお、以下の日本語訳を参照。エマニュエル・レヴィナス／合田正人編訳「現実とその影」『レヴィナス・コレクション』（ちくま学芸文庫、一九九九年）。
（5）*Ibid.*, p. 124.
（6）*Ibid.*
（7）*Ibid.*, p. 126.
（8）*Ibid.*
（9）Emmanuel Lévinas, *De l'existence à l'existant*, J. Vrin, 1981, p. 89.
（10）拙著、前掲書、七一頁、参照。
（11）Emmanuel Lévinas, La réalité et soon ombre, p. 127.
（12）*Ibid.*, pp. 127–128.
（13）*Ibid.*, p. 128.
（14）*Ibid.*
（15）*Ibid.*
（16）*Ibid.*, p. 129.
（17）*Ibid.*
（18）*Ibid.*, p. 130.
（19）Cf. Emmanuel Lévinas, *De l'existence à l'existant*, pp. 91–92.
（20）Emmanuel Lévinas, La réalité et son ombre, p. 131.
（21）*Ibid.*, p. 133.
（22）*Ibid.*

(23) *Ibid.*, p. 134.
(24) *Ibid.*, p. 135.
(25) *Ibid.*, p. 136.
(26) *Ibid.*, p. 137.
(27) *Ibid.*, p. 138.
(28) *Ibid.*
(29) *Ibid.*, pp. 138–139.
(30) *Ibid.*, p. 140.
(31) *Ibid.*, p. 142.
(32) 拙著、前掲書、参照。
(33) Emmanuel Lévinas, *op., cit.*, p. 143.
(34) *Ibid.*
(35) *Ibid.*, p. 142.
(36) *Ibid.*, p. 148.
(37) Emmanuel Lévinas, Parole et Silence, in *Œuvres 2 Parole et autres conferences inédites au Collège philosophique*, Grasset/IMEC, 2009, p. 69.
なお、以下の日本語訳を参照。藤岡俊博・渡名喜庸哲・三浦直希訳「発話と沈黙」『レヴィナス著作集2哲学コレージュ講演集』(法政大学出版局、二〇一六年)。
(38) *Ibid.*, pp. 70–71.
(39) *Ibid.*, p. 76.
(40) *Ibid.*, p. 77.

(41) *Ibid.*, p. 78.
(42) *Ibid.*, p. 79.
(43) *Ibid.*, p. 82.
(44) *Ibid.*, p. 83.
(45) *Ibid.*, p. 89.
(46) *Ibid.*
(47) Emmanuel Lévinas, *Le temps et l'autre*, PUF, 1983, p. 79. 拙著、前掲書、第四章「実存者の孤独と間主観性」一六一頁、参照。
(48) *Ibid.*, p. 89-90.
(49) *Ibid.*, p. 90.
(50) *Ibid.*, p. 91.
(51) *Ibid.*
(52) *Ibid.*, p. 92.
(53) *Ibid.*, p. 95.

あとがき

小鳥と暮らし始めてから、考え方が変わった。暮らし始めたのは偶然である。人間だけが考えるのではない。それが本当に分かった。これまで思慮が足りなかったのではと言われればその通りであるが、これほど賢いとは思わなかった。チーちゃんという名前の雌らしい小鳥は私の生活を変えた。

始まりは一緒にヒッチコックの映画を見たことにある。残念ながら、『鳥』ではない。NHKのBSプレミアムで何回か続けてヒッチコックの特集があった。これまでも何回かあったので、家にいる時には繰り返し見てきた。しかし、たまたまチーちゃんと一緒に見てから、見逃せなくなった。彼女はヒッチコックの映画が好きらしい。二時間近く私と一緒にソファに座って、テレビの画面と向き合う。映画が終わるまで、私の膝の上でじっと見ている。時々、私の顔を見上げる。私もそうだが、彼女も喜びにみちている。映画が終わると、一緒に「素晴らしい」。ヒッチコックの映画は小鳥をも誘惑する。

『レヴィナスからレヴィナスへ』も、チーちゃんと一緒に作業を進めた。校正の時は、原稿のすぐ横で、お気に入りの私のシャツにくるまって、こちらの作業をじっと見ている。時々、眠くなると目を閉じる。起きるとまた、私の手の動きを追う。休憩の時は、食べ、水を飲む。しばらくしてまた私のところに来て、足をつき、戻ってきたことを知らせてくれる。また作業が始まる。こうして校正が進み、「まえがき」が出来上がり、「あとがき」を書いている。今は、同じように、膝の上でシャツにくるまり、羽をのばして横になっている。時々、私の顔を見上げる。

いずれ私は、「ヒッチコックを見る小鳥」を書くだろう。もう何度も頭の中で、文章を作っては消している。それは、何よりも楽しい時間である。家にいる時は、いつも一緒にいる。それは私だけではない。妻も同様である。チーちゃんは、私と彼女をほぼ同じように行き来する。チーちゃんのまっすぐな愛情は人間にはないものなのではないか。私たちはいつもそう感じている。妙な家族と思われかねないほど、私たちにとって、チーちゃんは「天使」なのである。ここでやめておく。いずれ書く文章のために。チーちゃんがそう言っている。

残り時間との相談について。

これまで私は、哲学に関して二種類の仕事をしてきた。一つは、自分の生活に根差した知恵の探究としての小さな哲学、すなわち日常の中の哲学。これはこれまで上梓した、『ミニマ・フィロソフィア』、『日常の中の哲学』など。もう一つは、いわゆる哲学研究者としての仕事、こちらは『現象学と見えないもの』、『レヴィナスにおける身体の問題(1)』など。これらはうまく私の中で同居してくれない面もあったが、別の言葉で、「読み書き、算盤」と「炊事、洗濯、掃除」と言い換え、特に後者が大事ですと学生に伝えながら、何とか続けてきた。この二種類は、最近になって一つになりつつあると感じられてきた。チーちゃんのおかげかもしれない。生命を運動と定義すれば、「炊事、洗濯、掃除」は毎日の生活の中で、思い切り体を動かす時間である。お店に買い物に行くなどは、楽しい散歩の時間にほかならない。時には遠征して、デパートの食品売り場に出かける。炊事はもとより、掃除もとてもよい運動になる。洗濯は洗濯で軽い運動。以前、文章化したことがあるが、これらは何よりも「世界」のためである。

私に時間が残されているとして、これからも二つの系列の仕事を続けていきたい。研究室の整理を始めるに当たって考えた、「記憶の整理」や「ヒッチコックを見る小鳥」など、日常の中の哲学の方は半分ほど書いたものがあるが、その後、病気もあり滞ったままである。もう一つの系列、これはレヴィナスの身体の問題を、中期、後期と続けていく予定であったが、続きは本書の第八章「身体とその影」のみで、後は私の頭の中という状態である。これらの仕事は退職後の課題である。もう一つ、残された仕事をしなければならない。翻訳である。これが当面の仕事となる。すべて残された時間との相談ではあるが。

本書もまた、萌書房の編集者白石徳浩さんのお世話になった。もう少し本が売れてくれたらこれからも仕事を頼みやすいのだが、なかなかうまくいかないのがつらいところである。白石さん、改めて感謝申し上げます。

毎回思うことだが、本を書くのは難しい仕事である。そんなことを考えてはいけないのだが、労多くして報われず、の典型かもしれない。いや、やはりそんなことを考えてはいけません。チーちゃんに叱られます。チーちゃんの教え、純情が大事。ただただ私たちのことが大好きなチーちゃんを見ていると、余計なことは考えず、ただただ書きたいことを書きなさいと改めて自分に言い聞かせているところである。

本書についても私の願いはただ一つ、一人でも多くの人に読んでもらいたいということである。これからも私の哲学に関する仕事は続くが、時間との相談が待っているのが、何とも言いようのないところである。

二〇二二年二月　寒い朝に

庭田茂吉

■著者略歴

庭 田 茂 吉（にわた　しげよし）

現在，同志社大学名誉教授，博士（哲学・同志社大学）

『現象学と見えないもの――ミシェル・アンリの「生の哲学」のために――』（晃洋書房，2001年），『ミニマ・フィロソフィア』（萌書房，2002年），『〈思考〉の作法――哲学・倫理学はじめの一歩――』（共著：萌書房，2004年），『暗い時代の三人の女性――エディット・シュタイン，ハンナ・アーレント，シモーヌ・ヴェイユ――』（共訳：晃洋書房，2010年），『日常の中の哲学』（萌書房，2018年），『レヴィナスにおける身体の問題Ⅰ――「ヒトラー主義哲学に関する若干の考察」から『時間と他者』まで――』（萌書房，2018年）ほか著訳書多数。

レヴィナスからレヴィナスへ

2022年4月25日　初版第1刷発行

著　者　庭 田 茂 吉

発行者　白 石 徳 浩

発行所　有限会社 萌《きざす》 書 房

〒630-1242　奈良市大柳生町3619-1

TEL（0742）93-2234 / FAX 93-2235

［URL］http://www3.kcn.ne.jp/~kizasu-s

振替　00940-7-53629

印刷·製本　モリモト印刷株式会社

ISBN 978-4-86065-151-0